Pinchas Lapide

Jesus, das Geld und der Weltfrieden

Gütersloher Verlagshaus
Gerd Mohn

Originalausgabe

Die Deutsche Bibliothek – CIP-Einheitsaufnahme

Lapide, Pinchas:
Jesus, das Geld und der Weltfrieden / Pinchas Lapide. –
Gütersloh: Gütersloher Verl.-Haus Mohn, 1991
(Gütersloher Taschenbücher Siebenstern; 1435)
ISBN 3-579-01435-8
NE: GT

ISBN 3-579-01435-8

Umschlaggestaltung: Dieter Rehder, B-Kelmis
Gesamtherstellung: Clausen & Bosse, Leck
Printed in Germany

Inhalt

GTB 1435

Lapide, Jesus

✓

1985 2 ✓

I.
Was hat das mit Jesus zu tun?

Die Bibel, Jesus und der schnöde Mammon

Kies, Mäuse, Flöhe, Marie, Moneten, Blech und, nicht zuletzt, der – natürlich schnöde – Mammon. Dies sind einem jeden wohlgeläufige umgangs- bzw. alltagssprachliche Ausdrücke für das »liebe Geld«. Mindestens drei dieser Worte stammen übrigens aus dem Hebräischen, und zwar *Kies*, das vom hebräischen *Kiss* abgeleitet ist und soviel wie »Tasche« oder »Geldbeutel« bedeutet. *Mäuse* haben hier nichts mit Zoologie zu tun, sondern kommen vielmehr vom hebräischen *Maot*, das in der aschkenasischen Aussprache als *Maus* gelesen wurde. Der Plural *Mäuse* war daher nur ein Katzensprung und entspricht etwa dem deutschen Wort »Münzen«. *Mammon* ist unverbessertes, eingedeutschtes Hebräisch, von dem jeder »betuchte Mann« eine Menge zu besitzen pflegt. Auch dieser hat nichts mit dem Textilhandel zu tun, sondern stammt vom hebräischen *Batuach* ab, d. i. ein »abgesicherter, vermögender Mann«. Sein Gegenpart, »der Blaumacher«, hat genauso tiefe hebräische Wurzeln, er ist eben *b'lav*, das bedeutet »ohne«, also »geldlos«. Die Verballhornung entstand durch die häufige Verwechslung von *V* und *U* bei der Niederschrift der deutschen Transkription.

Am Anfang jedoch war der Tauschhandel. Der Hirte und der Ackersmann waren die ersten Händler der Menschheit. Mit den Früchten ihrer Arbeit verschafften sie sich mittels Austausch die notwendigen Produkte für ihren Lebensunterhalt und die Kleidung. Wie wir bereits aus der *Kain-und-Abel*-Geschichte als damals schon selbstverständlich erfahren, gehörten die Naturalien aus der eigenen Landwirtschaft auch zum Opferkult. Während der gesamten Epoche des Ersten und des Zweiten Tempels wurden die verschiedenen Zehnt-Abgaben in Naturalien geleistet. Das war wohl die damalige »Einkommen- und Umsatzsteuer« zugunsten der Verwaltung des Tempelbetriebs und des Unterhalts der Priester- und Levitenfamilien. Diese, wie man heute sagen würde, sollten »gläserne Aktentaschen« haben, um sich also, landlos und besitzlos der Tora gemäß, ausschließlich dem Tempeldienst widmen zu können.

Der Tauschhandel erstreckte sich im Laufe der Jahrhunderte auch über die Grenzen des Landes Israel hinaus, und die Palette der Handelsobjekte wuchs stetig an. (U. a. Arzneimittel aus Gilead im heutigen Transjordanien, Zedern aus dem Libanon, Pferde aus Ägypten, Gold und Gewürze aus Äthiopien und Seide aus Damaskus.) Im Zuge der fortschreitenden Entwicklung entstand bald das Bedürfnis nach einem leicht tragbaren, allgemein anerkannten Zahlungsmittel. Sehr früh finden wir daher in der Bibel das sich rasch einbürgernde System des Handels mittels abgewogener Silberstücke. »Wiegen« heißt auf hebräisch *Schakal (Sch-k-l)*, wovon der spätere und auch der heute wiedergeborene israelische *Schekel* seine Abstammung herleitet. In der berüchtigten politischen Drohbotschaft an den König Belschazar von Babylonien im 6. vorchristlichen Jahrhundert »MENE MENE TEKEL U-PHARSIN« (Dan 5,25) ist das Wort *Tekel* übrigens der aramäische Zwillingsbruder des Schekel, und zwar im Sinne von »wiegen«. Die Schrift an der Wand besagte: »Deine Werke wurden gezählt und *gewogen* – und zu leicht befunden.« Das Ende des Belschasar kam prompt noch in derselben Nacht: er wurde ermordet und sein Reich geteilt.

Um das Jahr 700 vor der Zeitrechnung ließ der assyrische König Sanherib folgende Worte auf eine Schrifttafel einmeißeln: »Ich ließ eine Tonform anfertigen und Bronze hineingießen, um Münzen im Wert eines halben Schekels herzustellen.« Der Sekel oder Schekel war eine Gewichtseinheit, die schon die Babylonier zuvor benutzt hatten. Schekel aus Silberstücken sind das erste Zahlungsmittel, dem wir in der Bibel begegnen: beim Kauf der Höhle Machpela, die Abraham als Begräbnisstätte für die soeben verstorbene Sarah und als Familiengruft erwerben will. Es geht dabei um eine typisch orientalische Transaktion, die im 23. Kapitel des Buches Genesis mit Elan und Esprit geschildert wird. Auffallend bei diesem Landkauf ist die Anwesenheit vieler Zeugen seitens der Chittiter sowie der Ort des Geschehens, nämlich in aller Öffentlichkeit. Nach bewährter Sitte bietet man Abraham das gewünschte Grundstück zunächst als Gastgeschenk an. Mit den Spielregeln vertraut, lehnt Abraham dankend ab und besteht auf den Kauf zum gängigen Preis, sowie auf den sofortigen Abschluß der Transaktion vor der ganzen Versammlung. *Ephron*, der Besitzer der Machpela – heute würde man ihn als Schlitzohr bezeichnen –, läßt sich gnädigst herbei, den Verkauf abzuwickeln, und macht dabei ein glänzendes Geschäft, weit über den damaligen Marktwert hinaus. Wenn nämlich der Preis eines Feldes nach der Gersten-Aussaat (Lev 17,16) der Bibel gemäß 50 Schekel betrug, so ist der Preis von 400 Schekel für einen Acker *ohne* landwirtschaftlichen Nutzwert ungeheuer hoch.

Auf was will die Bibel hier zwischen den Zeilen hinweisen? *Erstens:* Obwohl Gott das ganze Land Abraham verheißen hatte, besteht dieser auf eine legitime, gutbezahlte Kauf-Transaktion. Er wollte damit vermeiden, daß künftige Generationen seinen Nachfahren den Besitz streitig machen würden.

Die Wehmut beschleicht unsereinen angesichts der heutigen angespannten Lage auf eben diesem Grundstück in Hebron. – *Zweitens:* Wir lernen daraus die Bedeutsamkeit der Beerdigung der Toten, die im Judentum zu den fünf Wegen der *Imitatio Dei* gehört. Wie Gott es laut der Bibel tut, sind wir aufgefordert, die Nackten zu bekleiden (Adam und Eva), die Kranken zu besuchen (Abraham), die Trauernden zu trösten (Isaak), die Hungernden zu speisen (Manna in der Wüste) und die Toten zu bestatten (Moses im Tale).

Abraham war ein sehr begüterter Mann, den uns die Bibel als gastfreundlich und demütig schildert. Im Zwist mit seinem Neffen Lot, wo es um viel Weideland geht, bietet er jenem beim Auseinandergehen der Wege die Option an: »Wenn du das (üppige) Jordantal willst, so begnüge ich mich mit dem (kargen) Bergland – oder umgekehrt. Du hast die Wahl.« Und so entschied sich Lot für die fruchtbare Jordansenke. Abraham würde also kaum in die heute Clique der *nouveaux riches* und Grundstücksspekulanten hineinpassen! In diesem Sinne pflegte der Erzvater auch als reicher Herdenbesitzer in denselben bescheidenen Herbergen abzusteigen, die er in mageren Zeiten frequentiert hatte (Gen 13, 1–5).

Wie ein roter Faden zieht sich durch die ganze Hebräische

Bibel das oft wiederholte Gebot der Fürsorge seitens des einzelnen und der Gemeinschaft, für die Armen, die Witwen, die Waisen und die Fremden. Dies bezog sich auch auf den Opferkult in Jerusalem, wo die Armen trotz ihrer minderen Möglichkeiten denselben Status besaßen wie die Reichen. Eine wunderschöne Illustration dieser sozialen Gesetzgebung finden wir bei Maria, der Mutter Jesu. Als sie (zu »Mariä Lichtmess«) am 40. Tag nach der Geburt ihres Erstgeborenen diesen traditionsgemäß im Tempel *auslöste*, opferte sie bekanntlich zwei Täubchen. Weniger bekannt dürfte die Tatsache sein, daß dies das Minimumopfer darstellte, das für einen solchen Fall vorgesehen war. Die Begüterten hingegen opferten größere Tiere in größerer Anzahl. Von dem angeblich *betuchten* Ehepaar Joseph und Maria, die ihre Ländereien in Bethlehem zu registrieren hatten, was immerhin einen Widerspruch zum Minimumopfer darstellt, wird später noch zu sprechen sein.

Im Tempelvorhof in Jerusalem standen zu jener Zeit Opferkästen, in denen zu bestimmten Tageszeiten anonyme Stiftungen für die Armen deponiert wurden. Zu anderen Tageszeiten wurde aus denselben Kästen das Notwendige an die Bedürftigen verteilt. Es war ein geheiligtes Prinzip, aus dem Geben keine Leistung und aus dem Nehmen keine Schande zu machen. Wäre das nicht ein kleiner Wink mit dem Zaunpfahl für unsere heutigen Stifter und Spender, die sich gerne öffentlich einen Lorbeerkranz aus ihrem Mäzenatentum winden? – Nahtlos paßt in die geschilderten Tempelusancen die Geschichte vom armen jüdischen Mütterchen, welches Jesus seinen Jüngern als Vorbild der echten Frömmigkeit vorstellt.

In der Tat, sie gab nur zwei Scherflein – oder einen Heller – in den Armenkasten, was fast *alles* war, was sie ihr eigen nannte. Deswegen war ihre Gabe eigentlich größer als die Riesensummen der Reichen, die aus ihrem Überfluß stammten (Lk 21, 2ff.). Was ist hier die Lektion – bei den Rabbinen und bei Jesus zugleich? Echte Gottesliebe äußert sich durch praktizierte Mitmenschlichkeit. Es darf aber keine Show sein und kein Lippendienst! Also auch hier erweist sich Jesus als ur-jüdisch in seiner Ethik und seiner Verkündigung. Ganz in diesem Sinne antwortet er auf die Frage nach dem »vornehmsten Gebot« mit dem biblischen Doppelaufruf: »Liebe Gott und liebe deinen Nächsten!« Dies war und ist der »harte Kern« aller Tora-Gebote (Mk 12, 28–34).

In einer vor allem landwirtschaftlichen Gesellschaft, wie es die jüdische zu Bibelzeiten war, kam dieses moralische Axiom in zahlreichen Einzelbestimmungen im Alltag zur Anwendung. Stellvertretend für viele sei das »Gebot der Feldecken« erwähnt, das jeden Bauern verpflichtete, bei der Ernte die Erträge dieser Flächen für die Armen stehen zu lassen. Dies konnte sich zu erheblichen finanziellen Leistungen summieren. Die praktische Anwendung dieser Gebote finden wir in leuchtenden Farben im *Buche Ruth* geschildert. Genauso symptomatisch für die soziale Fürsorge der Bibel ist das »Gebot des Vergessens«. Es handelt sich hierbei um die gute Tat, die uns verbietet, auf dem Feld bei der Ernte vergessene Garben später doch noch in die Scheune einzufahren. Denn auch sie gehören den Armen, Witwen, Waisen und Fremden.

Auf daß ich nicht der Schönmalerei bezichtigt werde, sei der Prophet Amos zitiert, der im 8. vorchristlichen Jahrhundert mit seiner sogenannten »besseren« Gesellschaft in der Hauptstadt Samaria ganz und gar nicht zufrieden war: »Höret dies Wort, *ihr fetten Kühe* (womit er die Damen meinte), die ihr auf den Bergen Samarias den Geringen Gewalt antut und die Armen schindet. Ihr ruft euren Männern zu: Bringt her, laßt uns saufen!« (Amos 4). Aber auch die Männer bleiben von dem Propheten nicht ungeschoren. »Salonlöwen« und »Kredithaie« prangert schon der Prophet Jesaja vor 2700 Jahren in Jerusalem an: »Wehe denen, die Haus an Haus reihen, Feld an Feld, bis kein Raum mehr ist, und sie allein das Land besitzen!« Wegen ihres ausgeprägten Sinnes für soziale Gerechtigkeit, wobei ihnen auch die Finanzwelt nicht fremd war, eckten die Propheten verständlicherweise überall an. Ungleich so manchen heutigen Kirchenfürsten, die da auf ledernen Sesseln wohlbestallt thronen, saßen die Propheten meistens zwischen allen Stühlen.

Das Spottbild der samarianischen Damen, den Vorläuferinnen der heutigen Schickeria in den Großstädten Europas, sollte allerdings nicht vorschnell verallgemeinert werden. Als Ausgleich sei der tapferen, tüchtigen Frau aus dem 31. Kapitel der Sprüche Salomos gedacht, deren Eigenschaften an zentraler Stelle in der allwöchentlichen Sabbat-Liturgie gefeiert werden. Dieses grandiose Lob der Frau wird in etlichen deutschen Bibelübersetzungen, auch bei Martin Luther, wie folgt eingeführt: »Wem eine tüchtige Frau beschert ist ...« Da haben wir sie, die passive, zum Objekt degradierte, tumbe jüdische Frau, die dem Mann – auf deutsch – *beschert* wird! Wie patriarchalisch in der Tat diese Übersetzung klingt. Im hebräischen Original hingegen heißt es unmißverständlich: »Eschet Chail mi jimza?«, d. h.: »Eine tapfere Frau, wer wird sie finden?« Die Botschaft ist klar: Ein solcher Mann hat allen Grund, sich glücklich zu preisen. Diese *Eschet Chail* ist Frau und Mutter, aber zugleich auch eine unabhängige, erfolgreiche Geschäftsfrau. Sie besitzt Äcker und Weinberge und ist kein (!) »Heimchen am Herd«. Dessen ungeachtet ist sie weder arrogant noch größenwahnsinnig, sondern liebt ihren Mann und ihre Kinder. Aus und ein gehen in ihrem Haus nicht nur ebenbürtige Geschäftsleute, sondern auch die Armen, für die sie – gut biblisch – zu sorgen weiß.

Historische Belege für dieses weibliche »Traumbild« und Frauenideal sind im Jerusalemer Museum zu finden in Form von Geschäftsbriefen aller Art und Grundbesitzurkunden auf den Namen diverser Frauen. Es handelt sich dabei um Funde aus den Höhlen der Wüste Judah, datiert aus dem ersten und zweiten vorchristlichen Jahrhundert.

Ja, die Frauen und das liebe Geld! Wegen massiver Verleumdungen seitens etlicher feministischer Theologinnen betreffs der angeblichen Benachteiligung der Frau in der Bibel mögen jetzt die Töchter Zelophehads auf den Zeugenstand kommen (4 Mose 26,33 ff.): Es begab sich vor etwa 3500 Jahren, also zur Zeit der Wüstenwanderung der Kinder Israel. Zelophehad starb dort und hinterließ fünf Töchter und keinen Sohn. In der Nomadengesellschaft galt und gilt bis heute aber allerorts kein

Erbanspruch der Töchter. Was aber taten unsere Machla, Noa, Chogla, Milka und Tirzah? Sie gaben nicht klein bei, sondern verlangten von Mose selbst, daß er, nach Befragung Gottes, dieses Unrecht behebe und ihnen Abhilfe verschaffe. So geschah es und wurde Gesetz in Israel bis auf den heutigen Tag: Die Frau ist erbberechtigt. Ein für die damalige Zeit fortschrittlicher Sachverhalt, wenn wir bedenken, daß im Königreich Schweden bis vor wenigen Jahren eine Prinzessin nicht Thronerbin werden konnte. Im Freistaat Bayern können in bestimmten Gebieten nur Söhne einen Bauernhof erben – dies nicht zu Nomadenzeiten in der Wüste, sondern im Zeitalter der Mondflüge.

Handel und Wandel blühten im Jerusalem der Zeitenwende, und das Bankwesen hatte Hochkonjunktur. Der Begriff *Bank* stammt aus der Lombardei des Hochmittelalters, wo bekanntermaßen die »Gartenbank« der Tatort des Finanzgeschehens war. In Jerusalem vor über 2000 Jahren hingegen, wie uns der Talmud berichtet, florierte der Beruf des Bankiers bereits. Er hieß jedoch »der Tisch-Meister«, und sein Geschäft wurde ordentlich auf einer Theke abgewickelt. Umsatz gab es in Fülle, denn die jüdischen Jerusalem-Pilger kamen aus der ganzen damaligen Welt (aus der längst existierenden Diaspora) und mußten ihre mitgebrachten Währungen in örtliche Valuta umwechseln, sowohl in Schekelmünzen für den Tempel wie auch in Drachmen oder Denare für den Alltagsgebrauch.

Hochbetrieb herrschte besonders zu den drei jährlichen Wallfahrtsfesten: Pessach, Pfingsten und Laubhütten. Die Liste der Herkunftsländer im zweiten Kapitel der Apostelgeschichte zeigt uns auf lebendige Weise diese Vielfalt der jüdischen Diaspora und ihre Verbundenheit mit Jerusalem. Wer waren denn die Meder, Perser, Parther, Elamiter, Ägypter, Lybier, Kreter, Kappadokier und andere mehr, die sich in Jerusalem damals eingefunden hatten? Jüdische Pilger natürlich, die zum alljährlichen Schawuot-Pilgerfest kamen. Während ihres damaligen Aufenthaltes widerfuhr ihnen übrigens jenes Sprachwunder, das sie auf das Sinaierlebnis ihrer Vorfahren bezogen. So entwickelte sich – *innerhalb* der jüdischen Gemeinschaft – die Urgemeinde mit dem Glauben an Jesus als Messias. Die vielschichtige Problematik und die Entwicklungsgeschichte des Zinsgeschäftes und der Schuldenerlaß-Pflicht im Rahmen des Sabbatjahres sind ein komplettes Thema für sich, auf dessen einzelne Aspekte ich mich an dieser Stelle nicht einlassen kann. Zum Arbeitsrecht in jenen Tagen sei grundlegend die Pflicht aus Dt 24,15 erwähnt, wo es heißt: »Du sollst jedem Arbeiter seinen Lohn am selben Tage geben, so daß die Sonne nicht darüber untergehe.« Ein Echo dieser Vorschrift finden wir auch in Lukas 10,7, wo geschrieben steht: »Der Arbeiter ist seines Lohnes wert.«

Auch Streiks waren zu talmudischen Zeiten bekannt, wobei sich die Rabbinen bei gerechten Forderungen auf die Seite der Arbeitnehmer zu schlagen pflegten. An Beispielen von Ansätzen einer Wirtschaftsethik übrigens fehlt es in den jüdischen Quellen keineswegs. Folgende Begebenheit möge als Illustration dienen:

Die Familie *Avtinas* besaß über Generationen hinweg das alleinige Vorrecht, das Patent also, zur Herstellung des Weihrauchs im Tempel (Ketoreth Hasamim).

Es handelte sich um ein Geheimrezept der Mischung von kostbaren importierten Gewürzen und erlesenen Duftstoffen. Um den Verdacht eines Mißbrauchs dieser Vorzugsstellung zu vermeiden, war es freiwilliger Brauch, daß keine Frau im Hause Avtinas je Parfum verwenden durfte. (Die archäologischen Funde von intakten Parfum-Flacons, die in Jerusalem zu besichtigen sind, beweisen, daß die heutigen weiblichen Verführungskünste und Ausstattungen den Großmüttern von damals längst vertraut waren.) Diese Enthaltsamkeit der Avtinas-Frauen war ein gutes Beispiel einer demonstrativen Selbstbescheidung, das, so scheint mir, auch heute noch Schule machen könnte! Ähnliches berichtet der Talmud von der Familie *Garmo*, die das Patent zur Herstellung der Schaubrote für den Tempeldienst besaß. Aus ähnlichen Gründen wie bei der Familie Avtinas enthielten sie sich vom Verzehr von Weißmehlgebäck, um nicht den Eindruck der Korruption zu erwecken.

Maßgebend ist auch der Fall des Streites des Weinhändlers *Bar-Channa* und seiner Lastträger, der uns ausführlich überliefert wird. Die Arbeiter zerbrachen während der Arbeitszeit leichtfertig ein kostbares Weinfaß, worauf ihr Arbeitgeber ihre Mäntel als Ersatz beschlagnahmte und sich weigerte, ihnen den Lohn auszuzahlen. Die Träger beschwerten sich beim Talmudgelehrten *Raw*, der Bar-Channa aufforderte, die Mäntel sofort zurückzugeben – mit dem Hinweis auf die Bibelstelle: »Du sollst den Weg des Guten gehen!« (Spr 2,20). Schuldig waren die Träger ja allemal, so daß hier *kein* juristisches Urteil und auch keine Strafverfolgung stattfand, sondern eine Aufforderung, über den juristischen Befund hinaus, Mitmenschlichkeit und Gerechtigkeit zu üben.

Nach diesem Erfolg verlangten die Arbeiter auch ihren Lohn. Wiederum vertritt Raw ihren Anspruch mit dem Hinweis auf die Satzung: »Tue das Rechte *und* das Gute«! (Dt 6,18), was heißt: Handle nicht nur *legal*, sondern auch *legitim*!« Das ist die sogenannte *bessere Gerechtigkeit*, die natürlich auch der Rabbi von Nazareth auf seine Fahne geschrieben hat. Er begnügt sich ebenfalls nicht mit der buchstäblichen Erfüllung der Gebote, sondern verlangt – vor allem von den Führungskräften der Gesellschaft – eine mitreißende Über-Erfüllung, um ein Zeichen zu setzen.

Nach diesen praktischen Beispielen aus der talmudischen Wirtschaftsethik sei zusammenfassend das zentrale Diktum betont:

»Wer einen Nicht-Juden betrügt, ist ein schlimmerer Sünder als einer, der einen Mitjuden übervorteilt. Warum? Er entweiht den Namen Gottes unter den Völkern und schädigt den Ruf der Bibel.« Trifft diese Mahnung nicht auch heute noch den Nagel auf den Kopf? Insbesondere angesichts der Neigung vieler Menschen zur Verallgemeinerung und ihrer leichtfertigen Heraufbeschwörung alter Klischees wie »Schacher-Juden« oder »alttestamentarischer Rache-Gott« etc. Müssen denn Juden noch immer besser als andere sein, nur um nicht als schlechtere Menschen zu gelten? Für die einen sind sie Engel, für die anderen Teufel. Laßt sie doch endlich Menschen sein!

Und nun aber zur entscheidenden Frage: Wie war das Verhältnis Jesu von Nazareth zum Geld? Es herrscht die Auffassung vor, daß er dem Mammon total abhold war und alle Finanzgeschäfte ganz unzweideutig und rigoros verdammt habe. Weit gefehlt!! Wie seine rabbinischen Kollegen stand auch er mitten im Leben, so daß nichts Menschliches ihm fremd geblieben ist. Es ist leider wenig bekannt, daß alle Rabbinen auch einen normalen »bürgerlichen« Beruf ausübten. Ähnlich wie Jesus, dem Tischler, Paulus, dem Zeltmacher, Petrus, dem Fischer, Simon, dem Gerber – alle Juden aus dem Neuen Testament – kennen wir Jochanan, den Schuster, Nachum, den Schmied, und Raschi, den Winzer, um nur einige wenige der großen jüdischen Talmud-Meister zu erwähnen. Ihr ethischer Grundsatz war: Mache die Verkündigung nicht zu einer Milchkuh! Was heißen will, daß sie größten Wert auf ihre finanzielle und wirtschaftliche Unabhängigkeit legten, um die Freiheit ihrer Lehre zu gewährleisten. Wäre hier nicht vielleicht ein Denkanstoß für die heutige Debatte um die Kirchensteuer und den beamteten Pfarrerberuf? Gegen einen gerechten Umgang mit Geld und Mitwirkung im Wirtschaftsleben hatten Jesus und die Pharisäer (der ja einer der ihren war) nichts einzuwenden – unter der Bedingung allerdings, daß die Fürsorge für die Randsiedler der Gesellschaft dabei nie zu kurz kommen dürfe.

Wogegen alle Rabbinen vehement zu Felde zogen, war finanzielle Korruption, Habgier, Geiz und Neid. Jesus von Nazareth war mit Begriffen aus der Finanzwelt recht vertraut, was wir aus diversen seiner Gleichnisse ersehen können: vom »Wucher mit den Talenten« über gefälschte Schuldscheine bis zur pikanten Frage: »Warum hast du denn mein Geld nicht auf die Bank gelegt?« (Lk 19,23). An ähnlichen weiteren Fallbeispielen aus der Wirtschaft fehlt es im Evangelium keineswegs.

Eine in weiten christlichen Kreisen mißverstandene Aussage Jesu ist seine angebliche Empfehlung, sorglos zu sein wie die Vögel des Himmels und in den Tag hinein zu leben wie die Lilien des Feldes (Mt 6). Die Frage drängt sich unwillkürlich auf: Ermutigt Jesus uns damit also zu einem *Dolce-Vita*-Lebensstil? Keineswegs! Aus all seinen Gleichnissen spricht eine große

Liebe für die Schöpfung und genaue Kenntnis der Natur. Er wußte so gut wie wir alle, daß die Vögel sehr eifrig und emsig für den morgigen Tag sorgen, indem sie beispielsweise ihre Nester mühselig Halm um Halm vorbereiten und bauen. Was meinte Jesus also mit diesem Bilde?

»Nestbauen« schon, aber keine Zweit- und Dritt-Nester! Von einem In-den-Tag-Hineinleben kann keine Rede sein; aber auch nicht vom gierigen Hamstern.

Ähnlich verhält es sich mit Jesu »Blumengleichnis«. Wie fleißig ist doch unsere Lilie, wenn man es genauer betrachtet, wie sie ihr Wasser und den benötigten Stickstoff aus dem Erdreich heraufsaugt und mit Hilfe eines genialen Prozesses der Fotosynthese das Sonnenlicht verwertet. Also äußerst kreativ ist sie sogar und unermüdlich noch dazu!! »Hamstern« aber tut auch sie nicht – und harrt, offensichtlich voll Gott-vertrauen, dem nächsten Tag entgegen. So etwa hat es der Nazarener wohl gemeint.

Wir alle kennen das berühmte Jesuswort: »Leichter geht ein Kamel durch ein Nadelöhr, als daß ein Reicher in den Himmel kommt« (Lk 18).

Der wahre Hintergrund dieser Aussage wird hier oft verzerrt oder unter den theologischen Teppich gekehrt.

Es begab sich vielmehr so: Jesus pflegte seine Jünger persönlich auszuwählen und zu schulen. Eines Tages bewarb sich der inzwischen weltberühmt gewordene »reiche Jüngling« bei ihm. Jesus fand Gefallen an ihm und seinem frommen Lebenswandel und hätte ihn gerne in seinen innersten Kreis aufgenommen. Doch es blieb eine entscheidende Vorbedingung dafür, der sich alle Apostel zu unterwerfen hatten, und zwar sich ihres privaten Vermögens völlig zu entäußern, um in einer Gemeinschaft der Gleichen zu leben. War es vielleicht eine Art Wanderkibbuz – und noch gar mit Judas als Schatzmeister, wie wir aus dem Johannesevangelium erfahren? (Joh 12,6) Doch diese schwerwiegende und folgenreiche Hürde der Vermögensentsagung konnte der junge Mann nicht überwinden. Jesus bleibt ihm freundlich gesinnt, wenngleich er seine Entscheidung bedauert. Offensichtlich enttäuscht spricht er dann vom Kamel, dem Nadelöhr, dem Reichen und dem Himmelreich.

Hier liegt übrigens auch ein entstellender Übersetzungsfehler vor. Auf hebräisch zitiert Jesus nämlich ein bekanntes Sprichwort: »Eher geht ein *Schiffstau* durch ein Nadelöhr, als ein Reicher in den Himmel«. Durch die Verwechslung *eines* Buchstabens im Originaltext wurde das *Tau* zum *Kamel* und damit das Wortbild völlig verzerrt.

Wahrscheinlich dachte der Rabbi von Nazareth auch an die talmudische Einsicht: »Wer Reichtum anhäuft, häuft auch Sorgen an« (Aboth 2,8).

Beim Thema *Geld und die Bibel* darf der wohl berühmteste Zöllner der Heilsgeschichte nicht fehlen: der Oberzöllner von römischen Gnaden, *Zachäus* alias Zakkai. Er war – wie die große Mehrheit der neutestamentlichen Gestalten überhaupt – ein *Jude*. Von Beruf Steuerpächter der Römer für den Bezirk Jericho, wo er für die römischen Okkupanten von seinen jüdischen Landsleuten Steuern »eintrieb«. Wie auch jüdische Quellen bestätigen, waltete er seines Amtes recht skrupellos, bereicherte sich und nutzte das Landvolk weidlich aus. Wie wir in Lukas 19 lesen, gelingt es Jesus, den gefürchteten Oberzöllner zur Reue, Buße und sogar zur Wiedergutmachung zu bewegen. Gemäß jüdischer Ethik ersetzt Zachäus alle erschwindelten Gelder *vierfach*. Außerdem stiftet er *die Hälfte* seiner Güter für die Armen Israels. Der Rabbi Jesus nimmt den reuigen Zöllner liebevoll an und assoziiert sich *öffentlich* mit ihm – gemäß dem talmudischen Lehrsatz:

»Wo ein *bußtätiger*, reumütiger Sünder steht, dort sind 99 Gerechte nicht würdig zu stehen.«

Um die Zeitenwende waren im Lande Israel nicht weniger als neunzehn verschiedene Währungen im Umlauf: von Denaren über Selas und Drachmen bis zu As-Stücken, Schekels und Minen. Dies hing zusammen mit der politischen Situation des Landes, das aufgeteilt war in die Herrschaftgebiete der Römer und der herodianischen Vierfürsten (Tetrarchen). Es gab jedoch keine Münze, die als sog. »Silberling« bekannt war. Diese kam schon etwa 300 Jahre zuvor aus dem Umlauf wie auch das System des »Abwiegens von Silberstücken«. Warum also muß Judas Iskariot partout im Evangelium mit dem »Abwiegen von 30

Silberlingen« für seinen angeblichen Verrat an Jesus von den Hohepriestern entlohnt werden? Der Grund ist – wie so oft im Neuen Testament – das heilsgeschichtliche Bestreben, »damit die Schrift (das heißt: das alte Testament) erfüllt werde«.

Jedermann wußte damals, daß der niedrigste Kaufpreis eines Sklaven während der biblischen Wüstenwanderung 30 Schekel ausgemacht hatte (Ex 21,32). Dazu wurde dann ein geflügeltes Wort aus dem Propheten Secharia in Beziehung gesetzt, der spöttisch (ein halbes Jahrtausend vor Jesus und Judas!) von seiner Erniedrigung berichtet, indem seine Gegner für ihn »dreißig Silberlinge abgewogen haben«, wie im Buche Sacharia zu lesen ist (11,12–13).

Zwei den ursprünglichen Zusammenhang erläuternde Bibelstellen also, die nicht das geringste mit Jesus, Judas und den Hohepriestern zu tun haben können. Wohl aber dienten sie den Endredaktoren des Evangeliums bei ihrem Vorhaben, die konstruierte Verratsgeschichte des Judas mit Hilfe längst aus dem Verkehr gezogener Münzen und deren anachronistischer Abwiegung zu untermauern. Deswegen wurden und werden unzählige Juden bis heute als »Verräter« und »Schacherjuden« verleumdet. Hätte doch jener Judas *Simon* oder *Ruben* geheißen – wer weiß, wie viele jüdische Menschen von selbsternannten Rächern des Todes der Nazarener verschont geblieben wären?!

Zu guter Letzt stellt sich noch die provokante Frage, ob Jesus wirklich ein Steuerverweigerer gegenüber den Römern gewesen ist.

»Zahlt euer Meister die Doppeldrachme *nicht*?« (Mt 17), so fragen die Steuereintreiber Petrus in Kapharnaum. Der Wortlaut klingt wie eine Unterstellung. Aber die Rede war hier nicht von der Tempelsteuer, wie im neutestamentlichen Wortlaut behauptet wird. Sie wurde in Galiläa niemals eingetrieben. Hier ist ganz sicher von der römischen Kopfsteuer die Rede. Jesus beauftragt hierauf Petrus, an den See zu gehen, wo er einen Fisch fangen würde mit einer *Statermünze* im Maul. Weiterhin sagt er: »Damit wir den Römern keinen Anstoß geben, gib ihnen diesen *Stater* für mich und für dich!«

Man merkt die Absicht des Evangelienschreibers: Er will Jesus unbedingt als loyalen Steuerzahler an die Römer darstellen – und zugleich als Tempel-Steuer-Verweigerer verleumden. Deshalb kommt es unweigerlich zur absichtlichen Verwechslung der Steuerbezeichnungen. Die Krönung dieser redaktionellen Entpolitisierung Jesu (auf griechisch niedergeschrieben nach 70 a. D!) ist die Tatsache, daß es zu Jesu Lebzeiten schon seit über 200 Jahren keine Stater-Münzen mehr im Umlauf gegeben hat! Kein römischer Steuereintreiber hätte sie also erkannt und daher auch nie angenommen. Die römische Kopfsteuer war keine harmlose Einkommensteuer, was leider nicht mehr bekannt ist, sondern diente der rücksichtslosen Ausplünderung der jüdischen Bevölkerung. Es scheint, als habe sich der Nazarener auch hier *zeichenhaft* mit seinen unterdrückten geplagten Landsleuten identifiziert und solidarisiert, wie er es so oft getan hat.

Über Jesu Einstellung zum Geld insgesamt und zu Steuern insbesondere wäre noch viel zu sagen. Auch die Nacht seiner Geburt war keineswegs eine »stille Nacht«, sondern eher eine römische »Kristallnacht« der Verfolgung und der Hetzjagd gegen viele jüdische Menschen. Auch über die Frage nach der *Kaisersteuer*, die Jesus in Jerusalem gestellt wurde, wäre so manches zu erörtern und tragische, folgenreiche Übersetzungsfehler zu berichtigen (siehe Mt 22; Mk 12; Lk 20). Im Reigen großer neutestamentlicher Gestalten und ihrer Einstellung zu Geld und Wirtschaft soll aber *Paulus von Tarsus* nicht fehlen. Im Unterschied zu Jesus, der als Galiläer aus einem ländlichen Milieu stammte, war Paulus ein typischer Großstadtmensch, dessen Gleichnisse sich der Rennbahn, der Architektur und der athletischen Wettkämpfe bedienten, um seine Theologie zu veranschaulichen. Insbesondere das Finanzwesen und die Wirtschaft, mit denen er aus seiner Vaterschaft Tarsus und seinen Weltreisen vertraut war, färbten und prägten in beträchtlichem Maße seine theologische Terminologie. Einige Beispiele, stellvertretend für eine ganze Palette, seien hier erwähnt:

Gott – laut Paulus – »verkauft« die Menschen an die Sünde

(Röm 7,14), worauf er sie dann später »gegen Barmherzigkeit« wieder zurückkauft (1 Kor 6,20f.; 7,23). Der paulinische Gott »stempelt« Sünder zunächst zu Sklaven ab (2 Kor 1,22), dann schreibt er »die geschuldete Summe gut« (Röm 4,4) und »setzt sie aufs Konto« (Röm 5,13).« Er deponiert die Anzahlung«, besteht aber »auf volle Erstattung« (2 Kor 1,22f.).

Ob die an sich komplizierte Heilslehre des Paulus durch diese kommerziellen Bilder deutlicher wird, bleibt sehr fraglich. Insofern ist es kein Wunder, daß schon im Neuen Testament die Klage laut wird, daß »so manches in den Briefen des Paulus schwer verständlich sei« (2 Petrus 3,16).

Zwei chassidische Geschichten mögen am Ende des Kapitels parabelhaft den weisen Umgang mit dem Mammon veranschaulichen:

Einst kam ein Jude aus ferner Steppe zu seinem geliebten Rabbi zu Besuch. »Rebbe Leben, gib mir einen Rat fürs Leben mit!« Der Rabbi kratzte sich nachdenklich den Bart, ehe er seinen Gast zum Fenster führte. »Was siehst du da vor dir?« Jener antwortete: »Etliche Kutschen, ein paar Soldaten und ein Dutzend Marktfrauen.« Hierauf führte ihn der Rabbi zum Wandspiegel. »Was siehst du jetzt vor dir, Jakob?« »Nur mich selber, Rabbi!« »Siehst du, Jakob, so geht es in der Welt zu: Wenn einer durchs blanke Glas schaut, ist sein Auge offen für seine Mitmenschen. Ist aber das Glas mit Silber verblendet wie dieser Spiegel da, so sieht der Mensch nur noch sich selbst. Ich wünsche dir, lieber Jakob, viel klares, durchsichtiges Glas in deiner Umgebung.«

Bei demselben Rabbi bricht in jener Nacht ein Dieb in die Wohnung ein und stiehlt munter drauflos. Seine Frau wacht auf, erschrickt und erfaßt die Lage: »Schnell, schnell, Rebbe«, so weckt sie ihren Mann, »ein Dieb ist da!« Widerwillig steht der Rabbi auf und schlürft gemächlich an das Fenster, aus dem der Einbrecher soeben mitsamt der Beute entkommen war. Die Rebbetzen ermutigt ihren Mann: »Tu doch etwas!« Da schreit der Rabbi mit lauter Stimme: »Hefker, Hefker!« d. h.: »Herrenloses Gut, herrenloses Gut!« Womit er den Dieb von jeglicher Schuld befreite und aus dem Bereich der Sünde herausholte. Nun hatte jener sich ja nur an herrenlosem Gut und nicht Privatbesitz vergangen. – War dieser Rabbi in seiner äußerst praktischen Einstellung zum Geld, zur Bibel und zur Wirtschaftsethik nicht vollauf konsequent?

Recht, Gerechtigkeit und »bessere Gerechtigkeit«

Warum wurde Jerusalem zerstört?

So fragte man sich im gläubigen Judentum voller Entsetzen nach der Katastrophe des Jahres 70, als die römischen Legionen den Tempel verbrannten und ganz Jerusalem dem Erdboden gleichgemacht hatten. Nach der alten Tradition fällt die Zerstörung des Ersten und Zweiten Tempels auf dasselbe Datum des 9. Aw, der bis heute als nationaler Trauertag begangen wird. Es ist typisch für das Judentum, daß es die Ursache für beide Zerstörungen nicht nur beim Feind und in äußeren Umständen, sondern auch bei sich selbst gesucht hat.

Die Weisen im alten Israel empfanden die erste Zerstörung nicht nur als Folge der damaligen außenpolitischen Konstellation, sondern auch als eine Strafe Des Himmels für die Sünden des Götzendienstes, der damals vor 2600 Jahren über sie hereingebrochen war.

Ganz anders aber war es in der Zeit des Zweiten Tempels, wo von Götzendienst nicht mehr die Rede sein konnte. Nicht um kultische Verfehlungen ging es bei der zweiten Katastrophe, die zu der fast 2000jährigen Verbannung führte, deren sich das Judentum als mitschuldig bekannte, sondern um Bruderzwist und weil man sich nur an den Wortlaut der Tora klammerte, nicht aber auch ihrem Geiste gemäß das Leben gestaltete. Bis heute dient es als abschreckendes Beispiel, sowohl für Israel als auch für die Menschheit insgesamt, wie tragisch die Folgen der inneren Zerwürfnisse und der Parteienfehde sein konnten. Insbesondere zur Zeit der Belagerung Jerusalems durch einen brutalen Feind.

Selbstverständlich war der aussichtslose jüdische Freiheitskampf gegen eben dieses römische Weltreich Auslöser und Ursache des damaligen Unterganges. In diesem Zusammenhang ist es wichtig, darauf hinzuweisen, daß die Kirchen diesen jüdischen Trauertag jahrhundertelang am 10. Sonntag nach Trinitatis unter dem Titel *Jerusalemsonntag* zum Anlaß selbstgerechter Schadenfreude machten. In der Verkündigung hieß es, daß die Zerstörung der Stadt die Strafe für die jüdische Nicht-Akzeptanz Jesu als Messias Israels war. Ein Ablauf der Dinge, also, den ja Jesus selbst angeblich vorausgesagt habe, wie es in den Kirchen hieß. Es ist erfreulich festzustellen, daß neuerdings die evangelische Verkündigung an diesem Tag den Weg vom Antijudaismus zurück zum historischen Tatsachengerüst gefunden hat.

Nämlich: Jesus hat – wie alle Propheten vor ihm – sein Volk gemahnt und zur Buße aufgerufen. Mit schaurigen Farben zeichnete er in seiner Drohpredigt die Folgen vor Augen, die ansonsten Israel befallen würden, in eben der unvermittelten und schonungslosen Weise, wie Amos, Hosea und Jeremia es vor ihm getan hatten. Hat man aber je gehört, daß diese Propheten deshalb als Verwerfer Israels angeprangert wurden von seiten der Kirchen, wie diese es jedoch mit Jesus von Nazareth getan haben?

Amos, Hosea, Jeremia, alle anderen Propheten Israels und auch Jesus rügten und mahnten ihr Volk aus selbstloser Liebe immer dann, wenn es sich *nur* nach dem Buchstaben, aber nicht auch nach dem Geist der Tora verhielt, um es vor dem Untergang zu bewahren.

Ein Beispiel von besserer Gerechtigkeit ist die Beharrlichkeit aller Propheten, der Liebe, der Barmherzigkeit und der Demut den Vorzug zu geben – vor allen Tieropfern im Tempel. Womit keinesfalls die Tieropfer abgetan wurden, wohl aber ihre Zweitrangigkeit im Verbund mit der praktizierten Nächstenliebe unterstrichen wird.

Zusammenfassend läßt sich festhalten: Die Schuldsuche bei sich selbst – vor aller Zuteilung von Schuld an andere – ist auch ein Stück »bessere Gerechtigkeit«, ganz im Sinne der Rabbinen und Jesu, die da sagten: Nimm den Balken aus deinem Auge, bevor du den Splitter im Auge deines Nächsten beanstandest! Mehr noch: In den Worten von Rabbi Jochanan, des Sohnes des Sakkais, wie sie im Talmud zitiert werden: »Jerusalem ist zerstört worden, weil sie dort nur nach dem Wortlaut der Tora gerichtet haben.« Worauf etliche seiner Kollegen Einspruch erhoben: »Sollten sie denn nach dem Recht der Rechtsunkundigen gerichtet haben?« Worauf Rabbi Jochanan erwiderte: »Keineswegs! Vielmehr besagt es: Weil sie nicht innerhalb der Rechtslinie handelten« (Baba Mezia 30,b.) (hebr. *lifnim mischurath hadin*). Die Rede ist m. a. W. von der »besseren Gerechtigkeit«.

Es geht dabei um ein rabbinisches Prinzip für alle Zeiten, demgemäß man sich nicht nur an die geschriebene Norm der moralischen Vorschriften zu halten habe, sondern immer *mehr* tun sollte, als es der Gesetzestext erfordert! (Wer denkt hier nicht schon an die Toraverschärfungen des Rabbis von Nazareth?!) Die Frommen haben diese Grenzlinie eigentlich gar nicht nötig, da sie aus ihrer *entgrenzten* Nächstenliebe heraus schon immer entschlossen waren, die Tora aus Liebe *zu überbieten*.

Dieses *Mehr-Tun-Wollen* entspricht der rabbinischen Einsicht, daß Liebe ohne Gerechtigkeit nur allzu leicht zur Anarchie führen kann, während Gerechtigkeit ohne Liebe häufig zur Tyrannei zu verführen vermag.

Weder »billige Gnadenliebe«, wie es Dietrich Bonhoeffer nennt, will unser Gott noch abstrakte »Fernstenliebe«, sondern *Zedaka*, die die Güte und das Recht-Schaffen zur höheren Einheit verschmilzt. Denn nur die Harmonie der beiden entspricht dem jüdischen Weltbild eines gerechten, mitmenschlichen Daseins auf Erden und einer mündigen Menschheit. Um sie geht es in einigen der rabbinischen Debatten im Talmud und in der sinnverwandten Grundsatzfrage über Absicht und Beweggründe der Bergpredigt. In beiden Schriften gilt der Spruch Jesaias als moralische Richtlinie »Zion wird durch *Mischpat* (Legitimität) erlöst werden, und die zu ihr zurückkehren, durch *Zedaka*« (Jes 1,28), also durch Liebe und Gerechtigkeit zugleich, was unserem »Prinzip« *Lifnim mischurath hadin* vollauf entspricht.

Die Frage, die sich jedem jüdischen Leser der Bergpredigt schon von den Anfangsversen an aufdrängt, ist, ob hier eine ganz neue Lehre verkündet werden soll im Gegensatz zu oder gar anstelle der Tora vom Sinai. Um diesen Verdacht im Keime zu ersticken, beginnt Jesus mit einer nachdrücklichen Betonung der ewigen Gültigkeit aller sinainitischen Satzungen. Er begnügt sich jedoch nicht mit einer prinzipiellen Grundsatzerklärung, sondern hebt in dreifacher Formulierung nicht nur seine Treue zur Tora hervor, sondern sucht auch etwaige Vorwürfe zu entkräften, er wolle durch seine kühne Bibelauslegung den ursprünglichen Sinn der Schrift aufheben oder verändern:

»Meinet nicht, ich sei gekommen, um die Tora« (nicht das Gesetz! – falsch übersetzt) »oder die Propheten aufzulösen. Ich bin *nicht* gekommen, aufzulösen, sondern zu erfüllen.« (Womit er meint: *aufzurichten* oder zu *erhalten.*) »Denn wahrlich, ich sage euch: Bis Himmel und Erde vergehen, wird nicht ein Jota oder ein Häkchen von der Tora vergehen, *bis alles geschehen ist*« (was nicht in den bisherigen Kontext hineinpaßt und als Einschiebsel des Matthäus-Endredaktors erachtet wird – auch in christlichen Fakultäten).

»Wer aber eines dieser geringsten Gebote aufhebt und so die Menschen lehrt, der wird der Geringste heißen im Himmelreich; wer sie aber tut und lehrt, der wird groß heißen im Himmelreich« (Mt 5,17–19).

Hat Jesus von Nazareth also eine Mehrklassengesellschaft im Himmelreich verkündet? Dies widerspräche diametral seiner Liebe zu allen Menschen, ob reich, ob arm, ob klug oder einfältig.

Er kann keinesfalls gesagt haben, daß einer, der »eines dieser geringsten Gebote aufhebt«, zwar »der Geringste heißen wird«, aber dennoch ins Himmelreich kommen werde. Dies würde den Grundtenor seiner Präambel zur Bergpredigt Lügen strafen. Um so mehr, als im Himmelreich »viele der Ersten die Letzten sein und viele der Letzten die Ersten sein werden« (Mt 19,30). Was Jesus sicherlich gesagt hat, ist, daß jeder, der auch nur eines der leichten Gebote aufhebt – wie etwa »die Verzehntung von Minze, Dill und Kümmel« (Mt 23,23) –, im Reiche Gottes als »zu gering« befunden werden wird – ganz im Sinne von jenem Gottesurteil über Belschasar, dessen Reich »gezählt ... gewogen und zu *gering* (d. h. zu leicht) befunden wurde« (Dan 5,25 ff.).

Wer also eines der geringsten Gebote der Tora aufhebt, der wird zu gering sein, um ins Himmelreich zu kommen.

Wir dürfen also getrost davon ausgehen, daß wir es in der Bergpredigt nur mit einer jesuanischen Auslegung und Anwendungsmethode der Tora zu tun haben, keineswegs aber um eine Sprengung, Ersetzung oder Abschaffung der jüdischen Lehre.

Der bekannte protestantische Theologe Billerbeck bringt 309 Seiten von jüdischen Parallelen, Analogien und Vorläufern für die neun Seiten der Bergpredigt des Matthäus. So ist also diese Bergpredigt aus jüdischen Bausteinen und Mörtel gefertigt, was keineswegs die Genialität und Gott-Begnadetheit ihres Architekten, des Rabbis von Nazareth, zu schmälern vermag.

Hätte er übrigens der Tora im geringsten entgegen verkündigt, hätten ihn dann die Synagogenvorsteher in »allen ihren Synagogen« in Galiläa lesen, predigen und lehren lassen, wie es 12mal in den Evangelien bestätigt wird?

Wenn Jesus in der Präambel eine Art von Treueeid zum Glaubensgut seines Volkes ablegt und zugleich alle Vorwürfe einer schriftwidrigen Auslegung zurückweist, so liefert uns der nächste Satz den programmatischen Übergang, von der Einleitung zum eigentlichen Inhalt der *Berglehre*. Denn zu Anfang heißt es bekanntlich: »Er *setzte* sich, seine Jünger traten zu ihm, und er lehrte sie«. Dasselbe wiederholt sich noch einmal zum Schluß. Hier sei betont, daß im Judentum – damals wie heute – beim Lehren der Rabbi *sitzt*, während er beim Lesen der Tora oder bei der Predigt zu stehen pflegt. Wir erkennen aus dieser Wortwahl, daß es sich bei Jesus um eine *Berglehre* handelt, also um eine bleibende Auslegung, nicht aber um eine *Predigt*, die, so inspirierend sie auch sein mag, keine Lehrgewalt beansprucht.

Wir lesen in der Berglehre bei Mt 5,20: »Denn ich sage euch: Wenn eure Gerechtigkeit nicht die der Schriftgelehrten und Pharisäer bei weitem übersteigt, so werdet ihr nicht ins Himmelreich kommen.« Wie wir es bereits erarbeitet haben, verlangt hier der Rabbi von Nazareth *lifnim mischurath hadin*, wie es viele seiner pharisäischen Kollegen ebenso forderten, also die bekannte *«bessere Gerechtigkeit«*.

Wir wissen, daß es sieben verschiedene Schulen innerhalb der pharisäischen Bewegung gab, die untereinander keineswegs in der Auslegung immer einig waren. Sie führten Lehrgespräche, die uns im Neuen Testament als *Streitgespräche* vorgestellt werden. Leider aber steht hier nunmehr einsam der Rabbi Jesus immer gegen alle anderen, während er in Wirklichkeit damals zu einer der sieben Schulen gehörte, höchstwahrscheinlich zu der sog. uns im Talmud geschilderten, ja hochgelobten Schule der *Liebespharisäer*.

Was aber ist das Wesen und der Kern der »Gerechtigkeit der Pharisäer«? Schon die Anfangsworte »denn ich sage euch« weisen auf einen *Klal* hin, das heißt eine Quintessenz, wie es sich viele Rabbinen für ihre Schriftauslegung zu eigen machten. Es handelt sich um den exegetischen Schlüssel zur jesuanischen Schriftauslegung, der seine Vorläufer und Parallelen in der rabbinischen Dialogik hat.

Hiermit wird Jesus allerdings keineswegs nivelliert, noch wird seine Auslegung bagatellisiert. Ganz im Gegenteil. Sein Sondergut ist eine Bereicherung für alle Bibelleser, und sein Stellenwert innerhalb des Judentums und als Lehrer der Menschheit tritt ganz klar hervor, wobei hier die Messiasfrage natürlich außer acht bleibt.

Wichtig scheint bei dem Begriff »Schriftgelehrten und Pharisäer und deren Gerechtigkeit«, daß Matthäus oder dessen Endredaktor beide Gruppen zu einer klischeeartigen Einheitsfront gegen Jesus hochstilisiert, aber ihnen keineswegs die Gerechtigkeit abspricht, genau wie in Mt 23,2f. ihre Lehre von Jesus ausdrücklich bejaht wird. Des Rätsels Lösung dürfte sein, daß der Endredaktor den in der Tat sehr komplizierten und spezifisch hebräischen Begriff *lifnim mischurath hadin*, also die »bessere Gerechtigkeit«, nicht adäquat übersetzen konnte. Daher gilt es vorerst zu klären, was hier mit »Gerechtigkeit« nur ungenau und irreführend wiedergegeben wird. Die griechische *dikaiosyne* ist, auf den Menschen bezogen, das Rechtsein oder, wie Martin Buber übersetzt, die Bewährung vor Gott. Als

Zedaka (der Begriff, der sicherlich in der semitischen Vorlage des Matthäusevangeliums vorkam) ist das Bedeutungsbündel jedoch vielschichtiger, wie vorhin schon erläutert wurde. Im Grunde entspricht die *Zedaka* weder der griechischen *dikaiosyne* noch der römischen *Justitia*, die eher eine Kategorie der juridischen Abwägung von Soll und Haben ist, so daß aus der ethischen Bewährung der Hebräer eine richterliche Gerechtigkeit erdeutet wird. Was bei der Übersetzung verlorenging, war der Ruf der Propheten nach Gerechtigkeit und Nächstenliebe. *Zedaka* bezeichnet daher all unser gutes Tun, vom Almosen geben über den Krankenbesuch bis hin zur Fürsorge für die Randsiedler der Gesellschaft, dem Nächsten zuliebe, der vor Gott unser Bruder oder unsere Schwester ist.

Nicht um herablassende Mildtätigkeit geht es hier, sondern um ein biblisches Teilen, das deinen Geschwistern gebührt aus der Fülle der unverdienten Gaben, mit denen Gott seine Welt beschenkt. Sie ruft uns alle zur *Imitatio Dei* auf. Es handelt sich hierbei also um eine Theopolitik der kleinen Schritte, deren gemeinsames Ziel es ist, dem Gebot in Dt 6,18 nachzukommen: »Auf daß du tust, was recht und gut ist in den Augen Gottes«. Wobei erst das *Tun* des Guten die »bessere Gerechtigkeit« zur Geltung bringt. In den Worten von Erich Kästner: »Es gibt nichts Gutes außer man tut es.«

In diesem Sinne hat Jesus die Tora weder erleichtert noch abgeschafft, wohl aber vertieft und erschwert, um Ethos und Nomos zur höheren Synthese zu vereinen. Diesen Zugang der Radikalisierung finden wir bei anderen Pharisäern ebenfalls, aber andererseits gab es auch sogenannte *Erleichterer* unter ihnen, die dem Volk keine moralische Überforderung aufbürden wollten. Beide, die Erschwerer und die Erleichterer, bewegten sich innerhalb ihrer überlieferten Lehre und hatten damals – vor der endgültigen Niederschrift von Mischna und Talmud – ihre ihnen folgenden Lehrschulen.

So also müssen wir die sog. *Antithesen* der Berglehre verstehen, bei deren Wortlaut sich dem Talmudkenner keineswegs eine Frage der Abschaffung stellen kann. Doch was ist in der deutschen Sprache eigentlich eine Antithese? Im Text der

Berglehre kommt der Begriff ja überhaupt nicht vor! Nach dem Duden ist eine Antithese »die Gegenthese einer zuvor vorgetragenen These«. Wenn also Jesus sagt »Ihr sollt nicht morden«, so wäre die passende Antithese: »Von heute an dürft ihr jeden umbringen, den ihr wollt!« Das Gegenteil jedoch steht in Jesu Berglehre: »Du sollst nicht ehebrechen«, sagt Jesus. Eine Antithese dazu aber wäre: »Ich erlaube ab jetzt volle sexuelle Permissivität.« Jesus bejaht alle hergebrachten mosaischen Ge- und Verbote, aber er verschärft sie noch insgesamt:

- Nicht nur Mord ist ein Verbrechen, schon Rufmord ist bereits »kriminell« für Jesus.
- Nicht nur Ehebruch, sondern schon ein lüsterner Blick ist Sünde laut Jesus.
- Nicht nur Meineid ist verwerflich, sondern jeder Eid ist schlecht bei Jesus, denn »euer Ja sei ein Ja, und euer Nein sei ein Nein«, und alles übrige ist von Übel.

Insgesamt handelt es sich um eine Toraauslegung, die man als theozentrisch oder als maximalistisch bezeichnen kann, die aber weder unjüdisch noch antijüdisch ist, sondern eher superjüdisch in ihrer stetigen Suche nach Vollkommenheit, also wiederum nach der »besseren Gerechtigkeit« im Sinne von *lifnim mischurath hadin*. Hier ist noch festzuhalten, daß »ich aber sage euch« eine Fehlübersetzung ist. Es muß richtig heißen: »und ich sage euch« (gr. ego de lego hymin). Dieses *»und ich sage euch«* kennen wir sehr gut als geläufigen Topos in der rabbinischen Lehrdialogik.

Diese ist aber jedwedem Lippendienst und aller Scheinheiligkeit abhold.

Ein Beispiel von Frömmelei wird uns augenzwinkernd im Talmud erzählt:

Das jüdische Abendgebet ist ziemlich umfangreich. Es enthält u. a. seit Jahrtausenden das *Schma Israel* (das auch Jesus betete, wie wir aus Mk 12,28–34 wissen) und andere Toraverse. Nun ist aber das Judentum ein Lebensweg von der Wiege bis zur Bahre und berücksichtigt die allzu menschlichen Schwächen und Regungen. Daher finden wir eine reizvolle Fragestellung seitens eines Bräutigams, der am Nachmittag getraut wurde, wie es denn in seinem Falle um die Pflicht des Nachtgebetes stünde. Die tradierte Antwort lautet: Er ist davon in der Brautnacht befreit, denn wie der Talmud feinfühlig sagt: »Seine Gedanken weilen anderswo.« Wenn der junge Mann nun öffentlich betont, daß dies für ihn nicht gelten werde und er sein Gebet dennoch verrichten würde, so gilt er als Frömmler und dem äußeren Augenschein untertänig.

Wir müssen also zu unterscheiden lernen zwischen einer »besseren Gerechtigkeit« und der auf Eindruck bedachten Frömmelei.

Davon erzählt auch eine andere talmudische Parabel:

Ein verheirateter Mann ging einst am Ufer eines Flusses seines Wegs. Da hört er verzweifelte Hilferufe aus dem Wasser. Sofort läuft er hilfsbereit an den Ort und sieht eine nackte Frau mit den Wellen um ihr Leben ringen.

Flugs zieht er sich aus, um hineinzuspringen und sie zu retten, wie es geboten ist. Im letzten Moment entsteht bei ihm ein furchtbarer Konflikt: Was ist richtiger: Ein Menschenleben retten, oder unzüchtig, ja unkeusch, als verheirateter Mann, der er war, eine nackte Frau zu umarmen? Er entscheidet sich, so unglaublich es klingen mag, für die Keuschheit. Daß er die Frau ihrem Schicksal überließ, trägt ihm eine schwere Rüge ein. Denn beim Abwägen von zwei sich widersprechenden Geboten, von denen eines die Rettung von Menschen betrifft, hat die Heiligkeit des Menschenlebens immer Vorrang und bedarf keiner rabbinischen Entscheidung. Er wird uns daher als Frömmler und abschreckendes Beispiel geschildert.

Im Gegensatz dazu will ich nun eine lobenswerte, d. h. moralisch-religiös *richtige* Entscheidung aus dem damaligen Leben erzählen. Diese Geschichten werden bis heute als Analogien und Vorbilder – auf unsere Verhältnisse übersetzt – empfohlen und weiter gelehrt:

Im fünften Buch Moses (Dt 24,19) wird verboten, bei der Ernte aufs Feld zurückzukehren, falls man dort ein paar Garben vergessen haben sollte. Sie sind – genau wie das Fallobst und die Ecken aller Felder – für die Witwen, die Waisen und die Armen bestimmt. Natürlich kann man dieses Gebot nicht rational erfüllen, denn es handelt sich ja um echtes Vergessen. Nun wird uns von einem Frommen in Galiläa erzählt, der einst einen Haufen Garben auf seinem Feld vergessen hatte. Als sein Sohn ihm später davon berichtete, weinte unser Freund Freudentränen. Warum? Weil er durch ein echtes Vergessen nun endlich in der Lage war, auch dieses Gebot, genannt *Schikcha* (d. h. »Vom Vergessen«), zu erfüllen und so unserem Himmlischen Vater auch im Nichterinnern zu dienen. Er veranstaltete alsbald ein großes Fest, um diese seltene Mitzwa, die ihm vergönnt wurde, zu feiern.

Daraus lernen wir auch, daß dem wahrhaft Frommen die Tora als Freudenquelle dient, als *leichtes Joch* und nicht als schwere Bürde, wie es in christlichen Lehrbüchern früher oft geschildert wurde.

Es ist nicht unwesentlich, die Frage schließlich zu stellen:

Ist das Prinzip der »besseren Gerechtigkeit« in unserem Alltag machbar?

»Der Mensch ist dem Menschen ein Wolf«, so behaupteten es die machtliebenden Römer. »Die Hölle«, sagt Jean-Paul Sartre, »das sind immer die anderen.« Die jüdische Bibel hingegen ist der Überzeugung, daß jeder Mensch es in sich hat, als Freigelassener der Schöpfung seinem Nächsten ein Stück vom Himmelreich auf Erden zu bereiten. Es ist in unserer Zeit um so nötiger geworden, daß wir uns auf diese Geschichten besinnen und von ihnen lernen. Haben wir nicht noch immer dieselben Nöte und Sorgen? Haben wir nicht Hungrige und Flüchtige, Randsiedler und Ausgebeutete zuhauf? »Liebe deinen Nächsten, denn er ist wie du« – dieses Schlüsselwort aus beiden Testamenten, das mehrere Rabbinen zu ihrer sogenannten Quintessenz gemacht haben, ist das beste Rezept zur Vermenschlichung in unseren Tagen. Die »bessere Gerechtigkeit« ist ein steiler Weg, in der Tat, aber zur Verwirklichung der messianischen Vision scheint es mir wohl unentbehrlich. Sie verbindet Juden und Christen in einer großen Ökumene der Zuversicht und des Tuns.

Das »Kreuz« mit der Nächstenliebe

Zum Text aus dem 12. Kapitel des Mk-Evangeliums sei vorausgeschickt, daß es sich um eine gute Verdeutschung handelt, die auf etwas holprigem Griechisch fußt, hinter dem sich ausgezeichnetes Hebräisch verbirgt, also die Muttersprache Jesu, dessen ursprüngliche Aussageabsicht wir zu rekonstruieren versuchen wollen:

»Und einer der Schriftgelehrten, der gehört hatte, wie sie miteinander debattierten, trat hinzu und, da er wußte, daß Jesus ihnen gut geantwortet hatte, fragte ihn: Welches Gebot ist das erste von allen? Jesus antwortete ihm: Höre Israel, der Herr, unser Gott, ist allein Herr! Und: Du sollst den Herrn, deinen Gott, lieben aus deinem ganzen Herzen und aus deiner ganzen Seele und aus deinem ganzen Verstand und mit all deiner Macht! Das zweite ist dies: Liebe deinen Nächsten wie dich selbst! Größer als dieses ist kein anderes Gebot. Und der Schriftgelehrte sprach zu ihm: Trefflich, Rabbi, du hast nach der Wahrheit geredet: Denn er ist einer, und es ist kein anderer außer ihm; und ihn zu lieben aus ganzem Herzen und aus ganzem Verständnis und aus ganzer Seele und mit aller Kraft und den Nächsten zu lieben wie sich selbst – das ist viel mehr als alle Brandopfer und Schlachtopfer. Und als Jesus sah, daß er verständig geantwortet hatte, sprach er zu ihm: Du bist nicht fern vom Reiche Gottes« (Mk 12,28–34).

Wer diese Schriftstelle mit jüdischen Augen zu lesen bekommt, kann nicht umhin, mit Erleichterung aufzuatmen. Wie erfrischend ist doch der Geist der Kollegialität, der hier zu Wort kommt. Wir hören von keinem Konflikt und keiner Haarspalterei noch Weherufen oder Scheltreden, sondern hier begegnet uns eine typische Episode aus dem Alltag jener fernen Zeiten, die all das Gepräge der damaligen Authentizität besitzt.

Einer der Tora-Lehrer, ein Pharisäer, wie der Kontext uns nahelegt, stellt Jesus eine prüfende Frage nach seinem Glauben, und Jesus antwortet wortwörtlich mit dem *Bekenntnis Is-*

raels, wobei er zwei Zitate aus *seiner* Bibel – die auch die meine ist –, dem sog. Alten Testament, zur großen Doppelliebe verschmilzt. Sein Befrager begrüßt und bestätigt die Antwort des Rabbis von Nazareth, und die beiden verabschieden sich schließlich in einer Atmosphäre von gegenseitiger Achtung und Freundschaft.

Jesus beginnt also seine Antwort mit dem »jüdischen Glaubensbekenntnis«, dem einzigen »Dogma« des Judentums gewissermaßen. Es besteht nur aus sechs hebräischen Worten und besagt in klassischer Kürze: »Höre Israel ...« Dieses Credo ist im Grunde der Herzschlag des jüdischen Glaubens und der erste Bibelspruch, den Vierjährige auswendig lernen; zweimal täglich umrahmt er die Synagogenliturgie, und als letztes Wort sprechen ihn die Sterbenden. Vom Monotheismus führt die Theologie unmittelbar zur *Monoethik*: Der *Eine* und *Einzige* Gott schuf *ein* Weltall (Universum), in das *Er* auf unserer Erde die Menschheit als Einheit setzte mit dem Zehngebot vom Sinai als Grundlage einer globalen Ethik. Trotz seiner Kürze teilen die Rabbinen das *Schma Israel* in drei Wortgruppen: Das *Höre Israel* dient zur Erinnerung an den Sinai, die Schenkung der Tora und die Volkswerdung Israels.

Der Ewige ist unser Gott: das ist ein Auftrag, den Monotheismus mit all seinen moralischen Folgerungen den Völkern zu verkünden, um sie zum Glauben an Gott zu führen. *Der Ewige ist all-einig* ist ein Hinweis auf die messianische Endzeit, in der der Schöpfergott von *allen* Menschen verehrt und mit ein und demselben Namen angerufen werden wird, wie die Propheten es voraussagten. Mit anderen Worten: Als Erinnerung an geschehenes Heil, als Auftrag zur heutigen Vorbildlichkeit und als Hoffnung auf die künftige Vollerlösung ist das *Schma Israel* eine Kurzfassung des jüdischen Glaubens.

Doch da es hier um einen Bericht über die Debatte zwischen zwei Rabbinen geht, sollten wir diese Perikope *rabbinisch* lesen und analysieren. Überraschend ist hier vor allem die eindeutige Tempelkritik, die nicht aus dem Munde Jesu, sondern von seinem pharisäischen Gesprächspartner kommt: »Liebe ist viel mehr als alle Schlachtopfer und Brandopfer«, so zitiert jener

Hosea 6,6, noch dazu auf dem Tempelplatz in Jerusalem, also an der Stätte, wo solche Opfer regelmäßig dargebracht wurden. Hier bietet sich die Gelegenheit, einmal die Einstellung Jesu – sowohl zum Tempeldienst wie auch zu den Pharisäern – gründlich zu erörtern. Dieselben Pharisäer, die hier in der Gestalt eines ihrer Schriftgelehrten deutlich *antisadduzäisch* auftreten. Es ist dabei wichtig, sich in Erinnerung zu rufen, daß in Markus 12 – direkt vor unserer Perikope! – das einzige Streitgespräch Jesu mit *Sadduzäern* stattfindet, in dem es um die Auferstehung geht. Woraus wir lernen, daß zwischen Jesus und seinem pharisäischen Kollegen weitgehender Konsens bestand. Diese Annahme findet Bestätigung in Jesu anerkennendem Lob: »Du bist nicht fern vom Reiche Gottes ...«

Es bietet sich an, an dieser Stelle die berühmte Streitfrage aufzunehmen zu Jesu Einstellung zum Tempel und zum Opferdienst. In Lev 9–11 geht es um die Vorschriften zur Bereitung der verschiedenen Opfer, die von den Kindern Israels nach ihrer Befreiung aus Ägypten auf ihrer Wüstenwanderung in der Stiftshütte dargebracht werden. Dieselben Weisungen galten später auch im Tempel zu Jerusalem. Die Darbringung von Tieropfern wird schon bei Kain und Abel als selbstverständliche Sitte vorausgesetzt und daher ohne weitere Erklärung als übliche Form menschlicher Fürbitte oder Danksagung geschildert. Um so erstaunlicher ist die Ablehnung dieses von der Bibel vorgeschriebenen Opferdienstes bei den Propheten im alten Israel: »Was soll mir die Menge eurer Opfer? Spricht Gott«, so rügt schon Jesaja (1,11), und von Samuel über Amos bis Hosea sind alle Propheten ganz ähnlicher Meinung. Anstelle von Opfergaben verlangen sie einstimmig ein reines Herz, einen demütigen Sinn und Barmherzigkeit.

Wie reimt sich das alles zusammen? In der heidnischen Umwelt des biblischen Israel, im damaligen Lande Kanaan, waren Menschenopfer für den Moloch, den Astarten und Ascheren und anderen Götzen landauf landab üblich. Sie wurden auf vielen Kultstätten auf grünen Hügeln und unter hohen Bäumen von Heidenpriestern zelebriert und durchgeführt. Der Tieropferdienst der Israeliten, verbunden mit einem strengen Verbot jeglichen Menschenopfers, war vor diesem Hintergrund als erheblicher Fortschritt zu erachten. In diesem Sinne verstehen wir auch die Perikope von der Fesselung Isaaks durch seinen Vater Abraham auf dem Berge Moria. Gottes Geheiß an den Stammvater, einen Widder anstelle des Sohnes darzubringen, gilt als die endgültige Abschaffung aller Menschenopfer in Israel (Gen 22). Wie wir aus Lev 9–11 lernen, wurde aber auch der Tieropferkult zu Tempelzeiten ganz wesentlich eingeschränkt: Nur bestimmte, sehr wenige Tierarten waren gestattet; nur zu bestimmten Zeiten wurde geopfert, und zwar von geschulten Priestern mit Spezialausbildung, deren Zweck die möglichst schmerzlose Tötung der Opfertiere war. Ebenso erwirkte die Zentralität des Tempels in Jerusalem das klare Verbot, Tiere anderswo zu opfern. Warum aber wurde – trotz den Mahnungen der Propheten – der Opferkult bis zur Zerstörung des Tempels im Jahre 70 überhaupt weiter praktiziert? Nicht etwa deshalb, weil Gott ihn brauchte, wie wir schon aus Ps 50 entnehmen können, sondern im Gegenteil: Die Menschen hatten das unwiderstehliche Verlangen, Opfer darzubringen als Ausdruck ihrer Not oder ihrer Dankbarkeit, ihres Flehens oder ihrer Freude.

Daher war das Tieropfer zu seiner Zeit ein befreiender Fortschritt gegenüber dem menschenverachtenden Götzendienst der Nachbarvölker. Als dann im Jahre 70 der Tempel von den Römern zerstört wurde, fand die Epoche des Opferdienstes ihr Ende, und die Zentralität der Synagoge, die bis dahin nur parallel zum Tempel fungierte, begann.

Rückblickend war dieser einschneidende Übergang vom *Opferkult* zur Synagoge des *Gebetes* ein Meilenstein in der jüdischen Geschichte, insbesondere wenn wir bedenken, daß so manches Volk in Europa noch Jahrhunderte später Tiere, ja sogar gelegentlich auch Menschen zum Opfer brachte. Von Samuel finden wir also bei allen Propheten deutliche Kritik an einem allzu mechanisch verstandenen Opferkult, ohne ihn aber je abschaffen zu wollen! Für alle Propheten galt die *Doppelgleisigkeit* des Gottesdienstes: Opferdienst einerseits und Nächstenliebe andererseits.

In seiner Kritik am Opferkult reiht sich Rabbi Jesus nahtlos in diese Tradition der Propheten ein. Eine Anprangerung des Kultes oder gar die bevorstehende Zerstörung des Tempels gehörten zu seiner *Mahnrhetorik* und seiner *Drohbotschaft*, die nichts anderes als Buße und Umkehr erwirken wollte – genau wie die bekannte Tempelrede Jeremias (Jer 7).

Jesus selbst ist, wie gesagt, mit dem Pharisäer *einig* – ohne Widersprüche. Wer aber besser hinhört, merkt eine *antizelotische* Spitze in seinen Worten. Die »Eiferer« oder »Kana'im« (Kana'ana) waren damals mit aller religiösen Leidenschaft durchdrungen von ihrer Liebe zu Gott. Sie waren täglich bereit, als Märtyrer zu sterben. Aus Hingabe an Gott aber waren sie auch bereit, zu kämpfen und Blut zu vergießen. Hauptsächlich römische Besatzungssoldaten, in denen sie die Erzfeinde Israels sahen, aber auch jüdische Kollaborateure waren das Ziel ihrer Angriffe – wie etwa die Zöllner und Steuereintreiber, die als »Römlinge« verrufen waren. Ihnen sagt Jesus klipp und klar, wie es auch andere Rabbiner der Friedenspartei taten: Ihr könnt Gott an eurem Nächsten nicht vorbeilieben! Nur in der Nächstenliebe findet die Gottesliebe ihre tatkräftige Bestätigung. Doch Jesu Kritik an den Zeloten ist feinfühlig und maßvoll – offensichtlich weil drei oder sogar fünf seiner Jünger wahrscheinlich aus dem Zelotenlager kamen: die beiden Zebedäussöhne, deren Spitzname *Boanerges* (Donnersöhne) – wohl ein Hinweis auf ihren Charakter war, und *Judas Iskariot*, dessen Beiname eine aramäische Verballhornung von *Sicarius* darstellt (lat. *Dolchmann*, wie die Römer die Aktivisten unter den Zeloten zu nennen pflegten).

Símon der Kanaanäer (Mk 3,18), der sicherlich ein »Kanaäer«, also: Zelot war, denn Kanaanäer gab es damals längst nicht mehr in Israel. Und nicht zuletzt, *Petrus*, *Bar-Jona* genannt, was zu Deutsch *der Geächtete* oder *der Vogelfreie* bedeutet, ein damals übliches Synonym für die Zeloten.

Charakteristisch für die Frühgeschichte der Kirche ist die Tatsache, daß dieser grundsätzliche Dialog Jesu mit einem führenden Pharisäer, den Markus, der früheste Evangelist, in seiner Urfassung bringt, bei Matthäus und Lukas wesentlich verändert wurde, während Johannes, der späteste der vier Evangelisten, ihn überhaupt nicht bringt. Aus dem neugierig fragenden, von Jesus respektierten Kollegen wird schrittweise »der böse Pharisäer«, der Jesus »versuchen will«, nur um ihm eine Falle zu stellen. Demgemäß wird sowohl seine »verständige Antwort als auch Jesu Bestätigung, daß er »nicht fern vom Himmelreich sei«, einfach weggelassen. Und das Bekenntnis Jesu zum Gott Israels als dem einzigen Herrn der Welt, das bei Mk der Doppelliebe vorangestellt ist und bei Jesu Gesprächspartner ausdrückliche Bejahung findet, fehlt ebenso – sowohl bei Mt als auch bei Lk. Dies sind nur drei spärliche Beispiele einer unverkennbaren Tendenz, die seit der Tempelzerstörung das Schrifttum der Frühkirche wie ein roter Faden durchzieht: Jesusliebe und Judenhaß werden immer enger von den Endredaktoren zu einem bibelwidrigen Zweigespann zusammengejocht. Diese textlichen Sachverhalte im Neuen Testament können nicht anders denn als antijüdische Polemik verstanden werden, die aus den historischen Umständen zu Ende des ersten Jahrhunderts hervorgegangen ist und als Ausdruck des Auseinandergehens der Glaubenswege von Kirche und Synagoge interpretiert werden muß, die aber dem Geiste Jesu widerspricht und seine Frohbotschaft der Liebe Lügen zu strafen droht.

Natürlich kann niemand von der Kirche fordern, heutzutage antijüdische Stellen aus ihrem Kanon zu tilgen, aber das Gebot der Mitmenschlichkeit verlangt, daß die matthäischen und lukanischen Versionen unserer Perikope nicht ohne kritischen historischen Kommentar gepredigt und gelehrt werden.

Ebenso wäre es im Sinne des christlich-jüdischen Dialogs angebracht, wenn judenfreundliche neutestamentliche Stellen, wie z. B. unsere Markus-Geschichte, häufiger zur Lesung und Verkündigung kämen.

Von dem allzeit befürchteten christlichen Substanzverlust kann dabei natürlich überhaupt keine Rede sein.

Seltsam scheint übrigens bei unserem Markustext, daß Jesus auf *eine* Frage *zwei* verschiedene Antworten gibt. Für Hindus oder Moslems mag das vielleicht befremdend wirken, nicht aber für bibelfeste Juden und Christen – aus einem triftigen

Grund, der sowohl im Talmud als auch im ersten Johannesbrief (4,20) hervorgehoben wird. Dort heißt es: »Wer behauptet, er liebe Gott und haßt seinen Bruder, der ist ein Lügner. Denn wenn er seinen Bruder nicht liebt, den er sieht, wie kann er dann Gott lieben, den er nicht sehen kann!«

Aus jüdischer Sicht kann es zu unserem Dialogbericht nur einen Einwand geben: Markus vergaß die letzten drei Worte im Zitat aus Lev 19,18: »... Ich bin Gott«. Jesus hat sie sicherlich nicht vergessen, denn jemand, der in seiner Bergpredigt betont, daß eher Himmel und Erde vergehen werden als ein einziges Jota der Tora, der ging sehr umsichtig mit seiner Bibel als dem Gotteswort um. Dennoch habe ich Verständnis für Markus, denn dieses Schlußwort »Ich bin Gott« scheint doch ganz überflüssig – um so mehr, als es ja über 150mal in der Hebräischen Bibel vorkommt. »Liebe deinen Nächsten wie dich selbst« ist doch ein vollständiger Satz, der keinen Zusatz benötigt! Wozu also dieses überflüssig erscheinende Anhängsel?

Die rabbinische Antwort ist ganz einfach: Auf daß diese Nächstenliebe nicht in eine rein horizontale Nutznießerei von Gottlosen, aber vorausplanenden Egoisten ausarte, bedurfte es der Mahnung: Nur unter dem gemeinsamen Vater-Gott wird die Nächstenliebe zur konkreten Brüderlichkeit, zu der die Bibel beider Testamente uns immer wieder auffordert.

Wie zentral diese so verstandene Nächstenliebe im Judentum verankert ist, bezeugt die Vielzahl der Deutungen von Lev 19,18. Die chassidische Deutung besagt: Wo immer zwei Menschen einander selbstlos lieben, da ist Gott der Dritte in ihrem Bunde. Rabbi Joschua Heschel lehrte: Gott spricht: Ich habe euch beide nach meinem Ebenbild erschaffen, so daß jeder Nächstenhaß nichts anderes ist als verkappter Gotteshaß. Indem du deinen Nächsten verabscheust oder verschmähst, so tust du dies dem *göttlichen Funken* an, der in seinem Herzen brennt und ihm den Adel des wahren Menschentums verleiht. – Martin Buber hielt in den 20er Jahren Vorträge in Frankfurt über die Nächstenliebe. Einst kam eine Frau zu ihm und fragte: Ich liebe mich selbst gar nicht. Kann ich da meinen Nächsten lieben? Buber erwog ihre Frage, konsultierte den Grundtext und entschloß sich, ihn anders zu übertragen, nämlich: »Liebe deinen Nächsten; er ist wie du.« Der hebräische Urtext gibt beide Versionen her. Auf die Frage, was bei der neuen Übersetzung zu gewinnen sei, antwortete Buber: »Jeder Nächstenhaß entspringt zutiefst gesehen einer Furcht vor dem Nächsten, den du dir als unheimlich mächtig, böswillig und betrügerisch vorstellst. Wenn dir aber die Bibel sagt, daß er, allem Anschein zum Trotz, genauso gebrechlich und hinfällig ist wie du, wird alle Furcht vor ihm gegenstandslos, womit auch der Haß entschwindet. Dann erst öffnen sich die Herzenstore der ungehemmten Nächstenliebe.« –

Die Mystiker der mittelalterlichen Kabbala betonen, daß jeder Nächste ein Stück von dir sei. In jedem Mitmenschen steckst du also selber. Nicht-Liebe am Nächsten rächt sich daher am eigenen Ego, das aufschreit zum Himmel gegen den Masochismus der Lieblosigkeit, denn jeder Haß ist letzten Endes verdrängter Selbsthaß. Jeder Liebeserweis hingegen ist eigentlich ein Dienst am Ich, d. h. erleuchteter Egoismus, der das Gefängnis der eigenen Haut zu sprengen vermag.

Zum Thema »Streitgespräch« ist noch eine grundsätzliche Erörterung erforderlich. Das rabbinische Judentum vor Jesus, zu seiner Zeit und bis auf den heutigen Tag hat in seiner Exegese und Didaktik die Dialogik zu seinem Grundprinzip gemacht. Mischna und Talmud sind daher eine Art von Bericht über viele *Lehrgespräche*, die, wenn auch häufig leidenschaftlich geführt, keine »Streitgespräche« im eigentlichen Wortsinn waren. Nahtlos fügen sich die Debatten Jesu im Neuen Testament in diese uralte Methodik ein, die Martin Buber als das *Ich-und-Du* des Judentums bezeichnet hat. Quer durch das Neue Testament fällt auf, daß Jesus mit Pharisäern über die Bibelauslegung debattiert hat, mit ihnen Feste feierte, sie gelegentlich lobte oder schalt, in ihren Häusern zu Gast war und auch durch einige von ihnen vom Meuchelmord seitens des Herodes gerettet wurde (Lk 13,31). Während seiner Passion treten sie von Anfang an als seine Freunde auf, denn er war ja einer von ihnen.

Warum aber hatten die Pharisäer eigentlich – gläubig, wie sie allesamt waren – so viel zu diskutieren? Wo doch nach christlichen Vorstellungen »das Gesetz» einer angeblich unverrückbaren, rigiden Zwangsjacke gleichkommt? Die Antwort liegt auf der Hand: Weil die ganze Tora »um des Lebens willen« gegeben wurde (5mal steht doch: »auf daß ihr darin lebet!«). Daraus entstand die Halacha (der Weg) mit dem Ziel, bei sich stets verändernden Lebensumständen dem lebendigen Geist der Tora gerecht zu werden. Die Beispiele dafür reichen von der Vielehe zur Monogamie, von der Sklaverei zum Sklavenhalteverbot und ähnlichem mehr. Die Zeit Jesu war eine besonders schwierige Epoche für Israel: einerseits wegen der Verstädterung der Bevölkerung (seit Makkabäerzeiten) und andererseits wegen der schweren Unterjochung seitens der römischen Besatzungsmacht. Unter diesen Umständen war die rabbinische Lehr-Dialogik zwecks Findung eines Konsens lebensfördernd, glaubensfestigend und dynamisch zugleich. Von den vielen rabbinischen Aspekten unserer Perikope möchte ich es nicht unterlassen, eine charakteristische Pointe hervorzuheben: Es gehört zur Methodik vieler großer Rabbinen, ihre Lehre auf zwei oder drei Quintessenzen – der Didaktik zuliebe – zu komprimieren. Damit heben sie natürlich keineswegs alle anderen Satzungen auf, wie viele Christen es Jesus, der dieses System ebenfalls angewendet hat, irrtümlich in den Mund legen. Oder man hat schon vom angeblichen Tora-Überwinder Hillel gehört, der seine Quintessenz in die Worte der sog. »Goldenen Regel« kleidet: »Was du nicht willst, das man dir tu – das füg auch keinem anderen zu! Der Rest ist Kommentar – geh hin und lerne ihn!« ... Liebe zu Gott und zum Nächsten ist der »Klal Gadol«, d. h. das Zentralprinzip bei Jesus. Bei Rabbi Schimon Ben Gamaliel zum Beispiel heißt es: Auf drei Dingen beruht die Welt: auf Gerechtigkeit, Treue und Frieden. Rabbi Akiba hatte nur ein Axiom: die grenzenlose Nächstenliebe. Und dennoch wurde gerade er von den Römern zu Tode gefoltert, weil er, ihrem Verbot zuwiderhandelnd, nicht aufhörte, die Kinder Israels die Tora mit allen Einzelheiten zu lehren. So also müssen wir auch Jesu Antwort in Mk 12 verstehen: als des Nazareners Schlüsselsatz zum Verständnis und zur Deutung der Tora in ihrer Gesamtheit.

Und nun ein letzter Blick auf unseren Mk-Text: Nicht Feindschaft noch Rechthaberei kennzeichnen hier die Beziehungen Jesu zu seinen jüdischen Zeitgenossen und pharisäischen Kollegen, sondern Freundschaft, Sympathie und Zugehörigkeit. So war es einst, und so könnte es zwischen Juden und Christen werden – ohne Synkretismus noch Grenzüberschreitungen, wenn wir alle das Gebot der Doppelliebe so ernst nehmen, wie Rabbi Jesus es getan hat. Denn dann, aber nur dann sind wir »nicht fern vom Reiche Gottes«, wie er gesagt hat.

Hat Jesus »das Gesetz« gebrochen?

Jesus sei zwar ein Jude nach dem Fleisch gewesen, so wird heutzutage endlich in den Kirchen zugegeben, aber sein ganzes Leben und Streben wären eigentlich gegen die jüdische Gesetzesreligion gerichtet. Dem Geist nach wäre er gar kein Jude gewesen und wollte auch keiner sein.

So oder ähnlich argumentieren noch immer namhafte christliche Theologen, die offenbar nicht mit der historischen Tatsache fertigwerden, daß der Mann, in dessen Namen die Kirche gegründet worden war, zeitlebens einer anderen Religion angehört hat und sein ganzes Wirken auf das leibliche Israel begrenzt hat. Um diesen Tatbestand zu bewältigen, behaupten diese Theologen, habe Jesus das Gesetz abgeschafft oder sich über es gestellt – um nur die hauptsächlichen Auffassungen zu zitieren. Um diese Unterstellungen zu rechtfertigen, beruft man sich häufig auf die sogenannten »Sechs Antithesen«, die das ethische Gerüst der Bergpredigt darstellen. Mit bestem Willen vermag ich aber keine einzige »Antithese« in dieser Bergpredigt zu entdecken im Sinne einer Gegenbehauptung, die der zuvorgenannten These diametral widerspräche.

Wenn Jesus z. B. die biblische These zitiert: »Ihr habt gehört ... du sollst nicht töten« (Mt 5,21), so hieße die entsprechende Antithese: »Ich aber sage Euch: Bringt jeden um, der euch im Wege steht.« Jesus hingegen liefert uns keinerlei Antithesen, wohl aber Superthesen, die die Bibelgebote vertiefen und moralisch verschärfen.

Nicht nur Mord, sondern schon der Zorn ist ein Verbrechen, wie Jesus betont. Nicht nur der Ehebruch, sondern schon ein lüsterner Blick ist bereits Unzucht; nicht nur Meineid, sondern jeder Eid ist vom Bösen; nicht nur Friedfertigkeit ist geboten, sondern auch Demut und Nachgiebigkeit sind Bausteine zum Schalom der Zukunft.

Eine Tora-Auslegung also, die man als maximalistisch bezeichnen kann, die aber, gut rabbinisch, innerhalb des Bereiches der jüdischen Bibelauslegung bleibt. Ein Ernstnehmen der

Tora also ist Jesu Anliegen, das alle ihre Gebote bis zur letzten Konsequenz durchzudenken und anzuwenden entschlossen ist.

Nun aber kann man nicht umhin, die Frage zu stellen: Wie kann ein frommer Jude, der in den Evangelien 12mal als RABBI tituliert wird, der Hunderte von jüdischen Schülern um sich scharte und unzählige Male in den Synagogen seiner galiläischen Heimat predigte, wie wir im Neuen Testament lesen – wie kann er zum angeblichen »Abschaffer« der Tora werden, die für ihn und die Seinen die einzige Bibel war, auf die er sich unermüdlich berief und deren Heiligkeit und ewige Gültigkeit er so nachdrücklich zu betonen pflegte?

Das Neue Testament hingegen, das bekanntlich erst Jahrzehnte nach seinem Tode niedergeschrieben wurde, war dem Rabbi von Nazareth natürlich unbekannt. Was also soll nun gelten? Jesus der bibelbeseelte Rabbi oder der angebliche »Überwinder« oder »Sprenger« der Tora? Um die Antwort auf diese Grundfrage herauszufinden, ist zunächst Jesu Einstellung zum Sabbat näher zu betrachten, jenes zentrale Gebot der Heiligung, das zum Zehnwort vom Sinai gehört. Es soll uns als Prüfstein der Tora-Treue – oder Untreue – des Nazareners dienen.

In allen drei synoptischen Evangelien finden wir eine bemerkenswerte Episode, die mit geringfügigen Unterschieden ein und dieselbe Begebenheit erzählt:

»Es begab sich aber, daß Jesus an einem Sabbat durch die Getreidefelder zog. Seine Jünger aber hungerten, und sie begannen Ähren abzureißen und aßen sie, indem sie sie mit den Händen zerrieben. Und einige der Pharisäer sagten zu ihm: Siehe, deine Jünger tun, was nicht erlaubt ist am Sabbat zu tun! Und ihnen antwortend, sprach Jesus: Habt Ihr denn nicht gelesen, was David tat, als ihm hungerte – ihm und die mit ihm waren? Wie er hineinging in das Haus Gottes und zum Hohepriester Abiatar und die Schaubrote aß, die zu essen nicht erlaubt ist außer den Priestern, und auch denen gab, die mit ihm zusammen waren? Und er sagte ihnen: Der Sabbat ist um des Menschen willen geworden und nicht der Mensch um des Sabbats willen. Daher ist der Menschensohn auch Herr über den Sabbat.« (Mt 12,1–8, Mk 2,23–28; Lk 6,1–5)

Drei Dinge sollten hier vor allem festgehalten werden:

1. Nicht Jesus wird hier bezichtigt, den Sabbat verletzt zu haben, sondern seine Jünger, die er wie jeder loyale Meister nun verteidigt.

2. Nicht »die Pharisäer« oder gar »alle Pharisäer« sind die Ankläger, sondern nur »einige von ihnen«, was dem jüdischen Sprachgebrauch gemäß besagen will, daß es sich um eine umstrittene Frage handelt, die, wie viele ähnliche Fragen, im Zuge der rabbinischen Lehrdialogik einer Kompromißlösung zugeführt werden kann.

3. Nicht um die Abschaffung des Sabbatgebotes ging es Jesus, sondern ganz im Gegenteil: um die grundsätzliche Einhaltung aller Sabbatvorschriften, für die er hier im Sinne der jüdischen Rechtspraxis überzeugend einzutreten wußte. Daß er in theologischen Fragen gut beschlagen war, beweist sowohl seine rabbinische Beweisführung als auch die häufige Reaktion seiner Gesprächspartner, wie wir sie aus anderen Dialogen kennen, so z. B.: »Als er dies sagte, wurden alle seine Gegner beschämt.« (Lk 13,17) »Darauf konnten sie ihm nichts erwidern.« (Lk 14,6) »Einige der Schriftgelehrten aber antworteten: Lehrer, du hast gut gesprochen!« (Lk 20,39)

Doch nun zurück zum sabbatlichen Ährenraufen in Galiläa. Worum geht es hier im Grunde? Wohl doch um die rechte Art, den Sabbat zu feiern, der den Kindern Israels gegeben wurde, um durch seine Heiligung Gott als den Schöpfer der Welt zu bezeugen. In diesem Sinne heißt es im 4. Gebot: »Sechs Tage sollst du arbeiten und alle deine Geschäfte tun. Aber am siebenten Tage ist der Sabbat des Herrn, deines Gottes; an demselben sollst du keine Arbeit tun, weder du noch dein Sohn noch deine Tochter noch dein Knecht noch deine Magd noch dein Vieh noch der Fremde, der in deinen Toren weilt.« (Ex 20,8–10) Für so lebenswichtig erachtet die Bibel diesen Rhythmus der Sechs-Tage-Woche, die durch das »Aufatmen« und »Entspannen« am siebenten Tag gekrönt wird, daß sie auch die Sklaven, die Heiden und das Vieh mit einbezieht. Um die Auslegung und individuelle Ausführung dieser von Gott gebotenen Sabbatruhe nicht der Laune des einzelnen zu überlassen, legten die Schriftgelehrten eine Liste von verbotenen Arbeiten fest, die des öfteren Anlaß zu heftigen Debatten zwischen den verschiedenen Exegetenschulen gab, besonders in Grenzfällen wie z. B. das Ährenraufen. Es handelt sich um ein Verzeichnis von Verboten für Bauern, Hirten und Handwerkern, die ihre biblische Sabbatruhe ernst zu nehmen entschlossen sind.

Entweihung geschieht durch die vollendete Ausführung einer dieser Tätigkeiten, von denen vier in den Evangelien zur Sprache kommen, nämlich Ernten, Dreschen, Kochen und Kornmahlen. Unter diesen Sammelbezeichnungen wurden natürlich auch eine Anzahl von ähnlichen Arbeiten mit einbegriffen, wobei es jedoch als Voraussetzung gilt, daß sowohl die Weise der Ausführung als auch der Zweck der Verrichtung dem üblichen Begriff von Arbeit als ein Sich-Bemühen zwecks Verdienst entsprechen muß. Sind diese Vorbedingungen nicht erfüllt, so liegt keine Schuld vor. In diesem Sinne heißt »Ernten«, daß man ganze Bündel oder Garben von Halmen faßt und mit der Sichel abschneidet. Das Herauslösen von Körnern aus Ähren zum Hungerstillen kann daher nicht als eigentliche Arbeit betrachtet werden.

So dachten die meisten Rabbinen, jedoch keineswegs alle. Die Rigoristen oder die »Erschwerer«, wie man sie zu Jesu Lebzeiten nannte, wollten alles, was nur im entferntesten an Arbeit oder Mühe erinnern könnte, am Sabbat verboten wissen. Es gab jedoch auch »Erleichterer« unter den Rabbinen jener Zeit. Diese Debatten zwischen ihnen waren völlig legitim, da erst viel später in Mischna und Talmud alle Einzelheiten der Interpretation schriftlich und verpflichtend festgehalten wurden. Einer dieser Erleichterer war Rabbi Jehuda, genannt der Galiläer, der es für erlaubt hielt, am Sabbat mit der Hand Körner zu zerreiben, um sie zu essen (b Sab 128 a). Es ist mehr als wahrscheinlich, daß Jesus von Nazareth, der ein Landsmann von Rabbi Jehuda des Galiläers war, dessen erleichternde Meinung teilte und das Ährenreiben zwecks Hungerstillung am Sabbat für erlaubt hielt.

Und das Abreißen der Ähren? Der griechische Übersetzer des jüdischen Urberichts war höchstwahrscheinlich mit den Sitten des Landvolkes nicht vertraut, und, um die Szene zu veranschaulichen, fügte er das Abreißen der Ähren hinzu, nicht ahnend, daß er dadurch den einzigen Verstoß gegen die Tora in die synoptische Tradition eingefügt hat. Dem sei hinzuzufügen, daß es in Israel zur Erntezeit bei vollreifen Ähren völlig überflüssig ist, sie abzureißen, um ihre Frucht zu genießen, um so mehr, als die Körner aus den stehenden Ähren durch ein leichtes Reiben mühelos in die offene Hand fallen. Daß »einige« Pharisäer (Lk 6,2), die wahrscheinlich aus Judäa kamen, Jesus für einen Brauch seiner Jünger rügten, der in Galiläa gang und gäbe war, beweist nichts anderes, als daß es wie in allen Grenzfällen mehrere Meinungen gab und daß »etliche« der Pharisäer nicht die landläufige Auslegung des Rabbi Jehudas teilen wollten. In der heutigen Rückschau dürfen wir feststellen, daß in der talmudischen Praxis, die damals noch im Prozeß der Schriftwerdung fluktuierte, sich die Auslegung der Galiläer durchgesetzt hat. Was also zu seinen Lebzeiten noch als umstritten galt, ist inzwischen längst zu einer Regel geworden, nicht zuletzt dank eines dynamischen Toraverständnisses, das des öfteren an die Auslegungsweisen des Nazareners erinnert.

Warum aber waren die Jünger am Sabbat auf dem Feld und stillten ihren Hunger mit zerriebenen Ähren? Die Antwort darauf ist, daß sie alle auf der Flucht waren, wie es sich aus dem Plädoyer Jesu zugunsten seiner Jünger ergibt. Er bezieht sich nämlich auf den jungen David, als jener auf der Flucht vor König Saul war, der ihn umbringen wollte, und er Beistand bei den Priestern von Nob suchen mußte. In der Bezugsstelle im ersten Buch Samuel lesen wir:

»Als David nach Nob kam zum Priester … fragte er ihn: Hast du fünf Brote? Die gib mir in meine Hand. Der Priester antwortete David: Ich habe kein gewöhnliches Brot, sondern nur heiliges Brot … doch da es David und den Seinen hungerte, gab ihm der Priester von den heiligen Schaubroten, die man von dem Altar des Herrn nur wegnimmt, um frisches Brot aufzulegen …« Auf diese allen bekannte Episode aus der Jugend Davids bezieht sich nun Jesus nach den Grundregeln der rabbinischen Analogie. Die beiden Hälften seines Vergleiches müssen also in ihren drei Hauptzügen übereinstimmen, um Beweiskraft zu haben: im Wer? im Was? und im Wie?

Wer: das sind David und seine Gefolgsleute, die mit Jesus und seinen Jüngern verglichen werden.

Was: das sind die heiligen Schaubrote und die Körner des sabbatlichen Ährenraufens, beides also Speisen, die unter normalen Umständen nicht verzehrt werden sollten.

Warum dürfen sie also dennoch verzehrt werden?

Wie: der außerordentlichen Umstände wegen, die beiden Gruppen gemeinsam sind, nämlich die Flucht und die Lebensgefahr, die ihnen nur diese einzige Art der Hungerstillung ermöglicht. So heißt es in der rabbinischen Überlieferung, daß der Vorfall mit den Schaubroten am Sabbat stattfand (b Menachot 95 b) und läßt David zum Priester sagen: »Gib mir, damit wir nicht des Hungers sterben, denn Lebensgefahr verdrängt den Sabbat.« (Jalkut zu 1 Sam 21,5) Nur weil die Lebensgefahr als dritter Vergleichspunkt für die Jünger Jesu genauso zwingend war wie einst für David und seine Mitstreiter, ist das Plädoyer Jesu stichhaltig und einleuchtend. Diese unvermeidliche Schlußfolgerung findet ihre Bestätigung durch das häufig wiederholte Wort der Evangelisten: »Und er entwich ihnen« oder »er zog sich zurück« oder »er floh auf einen Berg«, aber auch durch das berühmte Jesuswort: »Und der Menschensohn hat nicht, wohin er sein Haupt legen kann.« (Mt 8,20) Wobei die Verfolger Jesu Herodianer und Römer waren. Den überzeugendsten Beweis aber liefert uns Lk 13,31, wo es heißt: »Zur selben Stunde kamen etliche Pharisäer und sprachen zu Jesus: ›Geh fort und zieh von hinnen; denn Herodes will dich töten.‹« Aus dieser Beweiskette darf gefolgert werden, daß nicht nur die »Erleichterer« der Meinung Jesu waren, sondern daß auch die sog. Rigoristen der Auslegung Jesu keinen Sabbatbruch hätten nachweisen können.

Hier sind sich alle Rabbinenschulen einig, daß die Rettung eines Menschenlebens – auch des eigenen – den Sabbat verdrängt, wobei auch der geringste Verdacht einer Lebensgefahr alle Arten der Heilung am Sabbat rechtfertigt. Auch in an sich ungefährlichen, aber schmerzhaften Krankheitsfällen war und ist die Behandlung legitim, ja vorgeschrieben. Diese unabdingbare Heiligkeit des Menschenlebens beseelt seit eh und je alle Rabbinen nicht weniger als Rabbi Jesus, der wie sie auch am Sabbat Heilungen vollzog. Wir alle sind uns mit Jesus einig, daß der Sabbat um des Menschen willen da ist und nicht der Mensch um des Sabbat willen (Mk 2,27). Talmudisches Leitprinzip ist und bleibt der alte Spruch, daß es jedem, der eine einzige Seele am Leben erhält, angerechnet wird, als hätte er die ganze Welt bewahrt. Wer hingegen einen einzigen Menschen ums Leben bringt, dem wird es analog angerechnet, als habe er die ganze Welt zerstört.

Die vier Sabbatheilungen Jesu
- eines Mannes mit einer verdorrten Hand (Mt 12,9–13)
- eines Wassersüchtigen (Lk 14,10–16)
- der gekrümmten Frau (Lk 13, 10–17) und
- des Kranken am Teich Bethesda (Joh 5,1–16)

werden genau wie das sabbatliche Ährenraufen seiner Jünger von Jesus in Debatten mit Rigoristen mit gut jüdischen Argumenten hieb- und stichfest verteidigt. Alle vier Plädoyers haben den gemeinsamen Zweck, die Priorität der praktizierten Nächstenliebe zu beweisen, ohne jedoch die Tora je zu übertreten. Nur in einem einzigen Fall, bei der Heilung eines Blind-Geborenen, soll der johannäische Jesus angeblich das Sabbatgesetz gebrochen haben, in einer Szene übrigens, die von vielen heutigen christlichen Theologen als unglaubwürdig erachtet wird. Lesen wir aus den 41 langatmigen Versen von Joh 9 die wesentlichen Hauptaussagen: »Nach diesen Worten spie Jesus auf den Boden, machte einen Teig aus dem Speichel, strich dem Blinden den Teig auf die Augen und sagte zu ihm: Geh, wasche dich in dem Teich Siloah, das heißt übersetzt: Gesandter. Er ging also hin und wusch sich und kam sehend zurück ... Es war aber Sabbat an jenem Tage, an welchem Jesus den Teig gemacht und seine Augen geöffnet hat ... Da sagten einige von den Pharisäern: Dieser Mensch ist nicht von Gott, weil er den Sabbat nicht hält.« (Joh 9,1–41) Wenn einige der Pharisäer der Meinung waren, er habe den Sabbat verletzt, besagt dies noch lange nicht, daß er es nach der gängigen jüdischen Auslegung wirklich getan hat. Wie der Geheilte genau berichten konnte, was Jesus tat, als er selbst noch blind war (Joh 9,10f.), und warum seine Eltern, die natürlich genauso Juden waren wie er, und alle Zuschauer bei der Heilung es fertig brachten, »sich vor den Juden zu fürchten« (Joh 9,22) – das muß wohl für ewig ein Rätsel bleiben. Es hat sich inzwischen in christlichen Kreisen herumgesprochen, daß der johannäische Jesus als Tora-Überwinder verherrlicht und seine Gegenspieler, nämlich »die Juden«, verteufelt werden müssen – aller Geschichtlichkeit und Logik zum Trotz.

Die textkritische Logik jedoch besagt, daß der Wahrheitskern dieser Wunderheilung beim Evangelisten Markus als dem ältesten Evangelium zu finden ist (Mk 8,22–26). In der Urfassung, die den Quellen chronologisch am nächsten stand, wird dieselbe Heilung eines Blinden beschrieben, aber wir hören weder von einem Speichelteig, dessen Zubereitung eventuell als Arbeit hätte gelten können, noch ist hier die Rede vom Sabbat überhaupt und schon gar nicht von irgendeiner mutmaßlichen oder angeblichen Sabbatverletzung Jesu. Letztlich werden derselben Wunderheilung bei Markus lediglich 5 kurze und sachliche Sätze gewidmet anstatt der langwierigen tendentiösen Nachdichtung beim spätesten Evangelisten Johannes.

Dem unbefangenen Leser überkommt beim Lesen dieser Streitfragen ein großes Staunen: Können denn chronische Krankheiten nicht eines Tages, ja eines Sabbats, plötzlich akut und gefährlich werden? In solchen Fällen ist die Behandlung oder Heilung gemäß der jüdischen Tradition nicht nur erlaubt, sondern ausdrücklich geboten! Bereits die Makkabäersynode um das Jahr 166 vor der Zeitrechnung hat beschlossen, daß auch die Selbstverteidigung im Falle von Angriffskriegen oder Überfällen am Sabbat erlaubt ist – wegen der Heiligkeit des Menschenlebens (Mechilta zu Ex 31,15). Zu dieser Entscheidung kam es damals nach öfteren sabbatlichen Überfällen der syrischen Armeen auf die Makkabäer, die sich zunächst am Sabbat nicht wehren wollten. Es ist dieses vitale Prinzip, das in den Worten Jesu widerhallt: »Der Sabbat ist um des Menschen willen gemacht ...», wobei der Nazarener nichts Neues prägte, sondern sich auf bewährtes jüdisches Handeln berief.

Wir sollten uns jedoch nicht mit der negativen Beweisführung begnügen, um Jesu Einstellung zum Sabbat endgültig klarzustellen. Auch hier lohnt es sich, alle vier Evangelien heranzuziehen und auf etwaige Hinweise zu befragen. Und in der Tat: Fünf glaubwürdige Passagen bezeugen einstimmig, daß Jesus grundsätzlich die genaue Einhaltung des Sabbats als Bibelgebot anerkennt und praktiziert:

– Im 24. Kapitel des Matthäus rät Jesus seinen Jüngern: »Bittet aber, daß eure Flucht nicht im Winter oder auf einen Sabbat falle«, was nur auf den Wunsch Jesu deuten kann, es möge ihnen erspart bleiben, auf der Flucht »vor dem großen Drangsal« den Sabbat entweihen zu müssen (Mt 24,20).

– Im ersten Kapitel des Markus heißt es: »Sie gingen nach Kapharnaum hinein, und gleich am Sabbat(anbruch d. V.) ging er in die Synagoge und lehrte« (Mk 1,21). Diese Worte beweisen Jesu Gebundenheit an das jüdische Lehr- und Bethaus und belegen sein striktes Einhalten des Sabbats.

– Lukas berichtet im vierten Kapitel: »Als aber die Sonne am Sabbat unterging ... legte er einem jeden von ihnen die Hände auf und heilte sie« (Lk 4,40). Dies bezeugt, daß Jesus erst nach Sabbatausgang all diejenigen Heilungen unternahm, die mit der geringsten Arbeit verbunden waren.

– »Er kam nach Kapharnaum hinab, einer Stadt in Galiläa, und lehrte sie an den Sabbaten« (Lk 4,31). Also Sabbat für Sabbat, wie wir es noch deutlicher im selben Kapitel bei Lukas lesen. Nämlich:

– »Er ging nach seiner Gewohnheit am Sabbat in die Synagoge und stand auf, um vorzulesen« (Lk 4,16). Ein Jude also, der fromm genug ist, um allwöchentlich am Sabbat in der Synagoge zu beten und zu lehren, kann wohl kaum als vorsätzlicher Sabbatbrecher erachtet werden. Sonst hätten ihn die

Synagogenvorsteher »in ganz Galiläa« mit Sicherheit nicht in ihren Gotteshäusern beten, lehren und predigen lassen, wie es ein rundes Dutzendmal in den Evangelien mit Nachdruck berichtet wird.

Jesus war keineswegs ein »lauwarmer« Randjude, sondern ein Kernjude, dessen Judesein von seinem Menschentum nicht getrennt werden kann. Er saß täglich im Tempel, um dort zu lehren, wie er selbst berichtet (Mt 26,56); er pilgerte regelmäßig Jahr für Jahr hinauf nach Jerusalem (Lk 2,41) und verkündigte wortwörtlich das jüdische Glaubensbekenntnis, das Schma Israel, wie es im Markus 12, 28–34 bestätigt wird: Sagte nicht Jesus selbst, nachdem er das »Geringste« in der Tora – womit er den Zehnten von Minze, Dill und Kümmel meinte – mit dem »Wichtigsten« in der Tora – nämlich: Gerechtigkeit, Erbarmen und Treue – in Verbindung brachte: »Dieses aber sollt ihr tun und jenes nicht lassen!« (Mt 23,23). Das heißt also, daß er nicht einmal bereit war, auf die Abgabe des Zehnts für Gewürze, die eine Lappalie ausmachen, zu verzichten.

Und zu all denen, die ihn zwar als »Herr, Herr« anrufen, aber sich nicht an die Gebote der Tora halten, wird man am Tage des Jüngsten Gerichtes sagen, wie wir von Jesus in Mt 7,23 erfahren: »Weichet von mir, ihr, die ihr begeht, was gegen die Tora ist!« Sagte nicht auch Paulus, daß Jesus »unter dem Gesetz geboren wurde« (Gal 4,4) und sein Leben lang »ein Diener der Beschneidung« gewesen sei (Röm 15,8), was seine bedingungslose Toratreue betonen will? Ganz in diesem Sinne nennt ihn Petrus »den Gerechten« (Apg 3,14), auf hebräisch *Zaddik*, was in der jüdischen Terminologie einen besonders frommen Juden bezeichnet, also einen, der wie Rabbi Jesus mit voller Überzeugung verkünden kann: »Wahrlich, ich sage euch, bis Himmel und Erde vergehen, wird auch nicht ein Jota oder ein Strichlein von der Tora vergehen … Wer nur eines der geringsten Gebote auflöst und so die Menschen lehrt, der wird der Geringste heißen im Reiche des Himmels« (Mt 5,18 f.). Ich kenne kein klareres, flammenderes Bekenntnis zur Tora und ihrer ewigen Gültigkeit als diese Worte Jesu in der Einleitung zu seiner Bergpredigt.

Was die Scheltreden Jesu an sein Volk betrifft, befindet er sich in nahtloser Kontinuität mit allen Propheten Israels, die von Samuel bis Maleachi voller Schmerz und Liebe ihre Brüder und Schwestern zur Umkehr zu Gott aufzurufen pflegten. Obwohl viele ihrer Drohreden viel drastischer waren als Jesu Mahnungen, hat z. B. noch niemand den Propheten Hosea als einen Abschaffer der Tora dargestellt.

Jesu berüchtigte Streitgespräche mit den Pharisäern waren also Teil der normalen rabbinischen Lehr-Dialogik, wie sie bis heute üblich ist. Nicht um Ausgrenzung noch um Streitsucht geht es dabei, sondern um die Auslotung aller Auslegungsmöglichkeiten der Bibel. Jesus selbst war ja Pharisäer und gehörte zu einer ihrer sieben Schulen, die untereinander lebhaft ihre Meinungsverschiedenheiten durchzustreiten pflegten, wie schon oben erörtert wurde.

Zusammenfassend möchte ich die Französische Bischofskonferenz zitieren, die am 16. April 1973 amtlich erklärte: »Man darf nicht vergessen, daß Jesus, geboren als jüdischer Mensch ... durch seinen Gehorsam gegenüber der Tora ... seine Aufgabe im Rahmen des Bundesvolkes erfüllt hat.« Auch dies dürfte eine klare Antwort auf die Frage sein: Hat Jesus das Gesetz gebrochen?

Jesus und »etwa 2000 Schweine«

Wie war Jesu Einstellung zu den Heiden, insbesondere zur Zeit der römischen Besatzungsmacht, die sein Volk zeit seines Lebens unterdrückte? Die Antwort der Evangelien ist aufschlußreich. »Kinder« nennt er liebevoll die Juden (Mt 15,26), aber als »Hunde« bezeichnet er verächtlich die Heiden im selben Atemzug, ganz im Sinne der damals geläufigen Bezeichnung »Hund« als Schimpfname für die Gottlosen, aber vor allem die Heiden. Während Rabbi Jesus seine Mitjuden als »Salz der Erde« (Mt 5,13) und als das »Licht der Welt« (Mt 5,14) tituliert, läßt er es nicht an abschätzigen Bemerkungen über die Heiden fehlen, die erst viel später zur paulinischen Kirche bekehrt wurden. So ermahnt Jesus, der sich »*nur* zu den verlorenen Schafen des Hauses Israel gesandt« wußte (Mt 15,24), seine Jünger, ihren Missionsbereich auf die Sünder innerhalb des jüdischen Volkes zu begrenzen und »*nicht* den Weg zu den Heiden zu gehen« (Mt 10,5). So hält der irdische Jesus die Heiden seinen Jüngern als abschreckendes Beispiel vor (Mt 6,30–32) und bezichtigt sie der Gewaltherrschaft und Unterjochungspolitik (Mt 20,25 f.). Die wenigen Ausnahmen von Kontakten Jesu mit einzelnen Heiden können die Regel, daß Jesus den Heiden mißtrauisch und abwertend gegenüberstand, nur bestätigen.

Da die Evangelien wie bekannt erst nach der Zerstörung Jerusalems durch die Römer im Jahre 70 endgültig auf griechisch umgeschrieben wurden, überrascht es nicht, daß so gut wie alles Antirömische in ihnen entweder entschärft oder umredigiert werden mußte, um die Existenz der werdenden Kirche im Römerreich nicht zu gefährden. Was daher von den ursprünglichen Berichten über die Römer zur Zeit Jesu übriggeblieben ist, sind nur Fragmente, Andeutungen und verschlüsselte Einzelworte, die aber die historische Wahrheit noch immer durchschimmern lassen. So finden wir einen Widerhall von Jesu Einstellung gegenüber den Heiden in der Erzählung von der Wunderheilung des Besessenen in Gerasa. Diese neutestamentliche Textstelle hat in der Forschung recht unterschiedliche Deutungen erhalten. Es handelt sich um einen Besessenen »in der Gegend der Gerasener«, der wegen seiner Aggressivität als gemeingefährlich galt (Mk 5,1–20).

Aus Mitleid trieb Jesus ihm den »unsauberen Geist«, der ihn quälte, aus. Der ausgetriebene Dämon behauptete hierauf, er heiße »LEGION« und bat Jesus, ihn (in einer anderen Version: »sie« in der Mehrzahl) nicht »aus der Gegend zu vertreiben«, sondern in eine in der Nähe weidende »Herde von Säuen« fahren zu lassen. Nachdem Jesus »ihnen« dies gestattet hatte, stürzte sich die nun von Dämonen geplagte Herde »den Abhang hinunter ins Meer«, in dem sie allesamt ertranken. Hierauf verkündete der Geheilte allen »die große Wohltat, die Jesus ihm getan hatte«. Der mehrmalige Wechsel vom Singular in den Plural, von der Vergangenheitsform in den Präsens, daß es sich bei Markus und Lukas nur um einen Besessenen, bei Matthäus aber um zwei handelt – all diese Ungereimtheiten gehören zu den Schwierigkeiten, die dieser Text den Exegeten auferlegt.

Die Tatsache, daß die Stadt Gerasa zwei Tagesreisen vom See Genezareth entfernt lag, macht es höchst wahrscheinlich, daß »das Meer« erst redaktionell an den Heilungsort verlegt wurde.

Völlig unwahrscheinlich aber sind die »etwa 2000 Schweine«, in die (Mk 5,13) Jesus die »unreinen Geister« verbannt, die er dem Besessenen ausgetrieben hat. Daß diese Zahl alle plausiblen Ausmaße einer Schweine»herde« – und Schweine sind bekanntlich keine Herdentiere – bei weitem übersteigt, liegt auf der Hand. Dieser Ansicht waren offensichtlich auch Matthäus und Lukas, die zwar das Ende der Perikope von der Heilung fast mit denselben Worten wiedergeben, deren Markus sich bedient, aber die Anzahl der Schweine aus guten Gründen verschweigen. Fest steht vor allem, daß Jesus seine Frohbotschaft ursprünglich in seiner jüdischen Muttersprache verkündet hat, die immer noch das Urgestein und die Grundsubstanz der Evangelien bildet. Nicht weniger einleuchtend ist die Annahme, daß im Zuge der späteren Übersetzung seiner Lehre ins Griechische so mancher seiner Gedankengänge umgedeutet oder mißverstanden wurde. Die zugrundeliegende Hebraizität der Evangelien schimmert jedoch auf jeder Seite durch. Mit den Worten von Martin Luther: »Wenn ich jünger wäre, so wollte ich die ebräische Sprache lernen, denn ohne sie kann man Die Schrift nimmer mehr recht verstehen. Denn das Neue Testament, obwohl Griechisch geschrieben ist, ist doch voll von Ebraismis und ebräischer Art zu reden. Darum haben sie recht gesagt: Die Ebräer trinken aus der Bornquelle, die Griechen aus den Wässerlin die aus der Quelle fließen, die Lateinischen aber aus den Pfützen« (WA Tischreden I, S. 525 f.).

In diesem Sinne könnte man vielleicht auch hier wie in vielen ähnlichen Fällen von griechischen Aporien im Neuen Testament durch eine Rückhebraisierung der umstrittenen Textstelle das Rätsel einer Lösung zuführen: *Ba'alafim* heißt auf hebräisch »in Gruppen« oder »in Tausenden«, da das Stammwort äläf sowohl »Vieh, Gruppen« als auch »tausend« bedeuten kann. Da aber in der hebräischen Schrift die Buchstaben *Beth* und *Kaf* sehr ähnlich sind, werden sie bei häufig benutzten Schriftrollen gelegentlich miteinander verwechselt. Somit könnte in unserer Perikope *Ba'alafim* als *K'alpaim* gelesen werden, was »etwa zweitausend« ergeben würde. Dieser Verlesfehler ist sehr leicht möglich, da keine Vokale im Hebräischen verwendet werden. Somit hätten wir es lediglich mit *einer Gruppe* und nicht mit *2000 Schweinen* zu tun.

Zurück zur Heilungsgeschichte mit ihrer halb verschlüsselten Tiefendimension, derer wir aber nur gewahr werden, wenn wir den Stellenwert des Schweines im damaligen Israel berücksichtigen. Bekanntlich ist das Schwein im Judentum nicht tauglich zum Verzehr, und Schweinezucht war deshalb im ganzen Lande strengstens verboten. Das Schwein galt aber ebenso als Sinnbild der verhaßten Römer, wobei man sich u. a. auf »Psalm 80,14 berief: »Es haben ihn (den Weinstock Gottes=Israel) die wilden Säue abgefressen«. Hinzu kommt die Tatsache, daß die zehnte fraetensische Legion, die das Land okkupierte, einen Eber als Maskottchen besaß. Es leuchtet daher ein, daß die Begriffe »Schwein« und »Legion« auf hebräisch und aramäisch einen politisch abschätzigen Beiklang enthielten, insbesondere bei Juden, die »auf die Befreiung Israels hofften«, wie es so beredt im Magnificat, im Benedictus und in der Weissagung der hochbetagten Hanna zum Ausdruck kommt (Lk 1,49–2,38). Wenn also in der Heilung des Besessenen von einem »unreinen Geist« die Rede ist, der sich als »LEGION« vorstellt, »weil wir ja viele sind«, und der dann von Jesus in »die Schweine« verbannt wird, so klingt all dies wie eine Reihe von Anspielungen auf die unwillkommenen römischen Besatzungstruppen, die zu guter Letzt »hinab in das Meer« stürzen, was dem sehnsüchtigen Wunsch der damaligen Juden entsprach.

Ergänzend muß hierbei noch erwähnt werden, daß Matthäus 8,28 den Ort der Heilung »Gadara« nennt, das im Gegensatz zur Stadt Gerasa unweit vom Meer liegt und zweimal im Krieg gegen Rom zerstört wurde, wonach seine Einwohner teils gefangengenommen, teils niedergemetzelt oder gekreuzigt worden waren. Der historische Kern dieser Geschichte mag also die durchaus verständliche Hoffnung (der Überlebenden jenes Gemetzels?) zum Ausdruck bringen, die »Römerschweine« mögen doch – wie einst Ägyptens Roß und Reiter – im Meer ersaufen, von wo sie ja hergekommen waren.

Wortwahl und antirömische Anspielungen lassen vermuten, daß es sich hier ursprünglich um eine Art von politischer Satire handelt, die wegen der römischen Zensur um einen Heilungsbericht gerankt worden ist. An Jesu Heilkunst zu zweifeln, besteht jedoch kein Grund.

Bemerkenswert ist aber in diesem Falle die Tatsache, daß Jesus hier als »Austreiber« und das heißt als Befreier von den Römern erscheint. Wenn der Nazarener also anderswo seine Jünger davor warnt, »ihre Perlen nicht vor die Säue zu werfen« (Mt 7,6), so sind damit die Heiden und in ganz besonderer Weise die Römer gemeint, auf die man keine »Perlen« der Tora-Weisheit vergeuden sollte. Es erübrigt sich zu betonen, daß beim strikten Verbot der Schweinezucht ein Füttern derselben nicht in Frage kam. Jesu Mahnung war und ist ein geläufiges Sprichwort im Judentum.

Einen dritten, nicht weniger hilfreichen, wenn auch wiederum verschlüsselten Hinweis auf Jesu Einstellung zu den Römern liefert uns sein Gleichnis vom verlorenen Sohn. Wenn es dort heißt: »Da ging er hin und verdingte sich ... zum Schweinehüten« (Lk 15,15), so mag hiermit nicht nur ein Auszug aus dem jüdischen Wohngebiet gemeint sein, sondern eine noch verächtlichere Tat: die Kollaboration mit den Römern, also gedungene Komplizenschaft mit den Heidentyrannen. In der Tat geht es da um einen, »der gegen den Himmel und seinen Vater gesündigt« hatte (Lk 15,21). Es handelt sich somit im Gleichnis um einen Juden, der zum Verräter wurde, aber zu guter Letzt dennoch den Weg zur reuigen Umkehr gefunden hat. Im Lichte der zeitgenössischen jüdischen Tradition müssen wir folgern, daß Rabbi Jesus die Kollaboration mit den Römern als schwere Sünde erachtete.

Lichtmess – ein christliches Fest und seine jüdischen Wurzeln

Am achten Tag nach seiner Geburt wurde Jesus wie alle jüdischen Knaben in den Bund Abrahams aufgenommen, er wurde also, wie wir im Evangelium lesen, beschnitten.

Daher feiert die ganze christliche Welt ihr Neujahrsfest alljährlich am 1. Januar: am Tag seiner Judewerdung, wenn wir traditionsgemäß den 25. Dezember als seinen Geburtstag annehmen. Das Fest des 2. Februar, auch *Lichtmess* genannt, hat nicht weniger als *drei* jüdische Wurzeln, die allesamt im Lukasevangelium Erwähnung finden.

Im Westen wurde Lichtmess ursprünglich als Marienfest gefeiert, während es in den Ostkirchen als »Fest der Begegnung Jesu« verstanden wird. Gemeint ist die Begegnung nämlich des Juden Simeon, genannt »der Gerechte«, mit dem Säugling Jesus. Als Maria ihm im Tempel zu Jerusalem ihren Erstgeborenen in die Arme legt, stimmt Simeon einen Lobgesang an und segnet das Kind als »ein Licht zur Erleuchtung der Heiden und zur Verherrlichung des Volkes Israel«. Die Kerzenweihe und die Lichterprozession, von der sich der Name »Lichtmess« ableitet, erinnern an diese erste jüdische Wurzel des Festes. Seit der Liturgiereform von 1960 wird *Mariä Lichtmess* auch in der römisch-katholischen Kirche als »Jesusfest« gefeiert – als seine »Darstellung« im Tempel zu Jerusalem, wie wir wiederum bei Lukas lesen. Diese zweite jüdische Wurzel des Festes ist die sogenannte »Auslösung«, das heißt Jesu Befreiung (als Erstgeborener) vom Tempeldienst. Den Tempeldienst versahen damals Priester und Leviten, wie die Bibel es vorschreibt. Alle Erstgeborenen der anderen israelitischen Stämme, die ursprünglich auch zum Dienst verpflichtet waren, wurden bei einer priesterlichen Zeremonie von diesem Dienst befreit, da die bäuerliche Wirtschaftsstruktur nicht auf diese Arbeitskräfte verzichten konnte. Die Auslösung wurde mit einer symbolischen Zahlung von fünf Schekel an den Tempel verbunden. Diese Summe war für den Tempelbetrieb bestimmt. War es doch den Priestern und Leviten untersagt, Nebenberufe auszuüben und Ländereien zu besitzen. Dieses schöne Fest der »Auslösung« begingen also Joseph, Maria und Jesus in Jerusalem.

Die dritte jüdische Wurzel von Lichtmess besteht im Opfer, das Maria bei derselben Gelegenheit darbringt, nämlich anläßlich der vollendeten Schonfrist von 40 Tagen nach der Geburt ihres Sohnes. Als solche war die sogenannte »Reinigungszeit« der Wöchnerin zu verstehen. Das Gebären war damals, wie wir aus der Bibel und anderen historischen Quellen wissen, für Mutter und Kind oft recht gefährlich, so daß eine gesunde Geburt als Wunder erachtet und Gott verdankt wurde. Die soziale Komponente der Opfergabe Mariens ist hierbei von großem Interesse. Die Bibelsatzung schreibt ein Schaf als Opfer vor, begnügt sich aber auch mit zwei Tauben für Minderbemittelte. Da Maria in der Tat zwei Tauben opferte, erfahren wir indirekt einiges über die Vermögensverhältnisse des Ehepaares aus Nazareth, das also keineswegs zu den Reichen im Lande gehörte. Bestätigung dafür finden wir auch im Magnificat der Maria, das ein Hoffnungslied für alle Armen und Unterdrückten ist.

In der rabbinischen Tradition wird solch ein »Armenopfer« höher geschätzt als die üppigsten Gaben der Reichen.

Der Opferkult als solcher war damals noch die hauptsächliche Möglichkeit der Menschen, ihre Nöte, Bitten und ihren Dank vor Gott zu tragen, wie schon erörtert wurde.

II.
Mit der Bibel leben

Zum Leben berufen

Wie schützt sich eine Religion, deren Glaubensgut in einem inspirierten Schrifttum verewigt worden ist, vor der Gefahr der legalistischen Erstarrung und der theologischen »Arterienverkalkung«? Die jüdische Antwort auf diese berechtigte Frage, die nicht nur alle Weltreligionen angeht, sondern auch juridische Implikationen hat, steht auf zwei Beinen: Vor allem geht es um die unüberbietbare Heiligkeit und Unantastbarkeit des Menschenlebens – ein Prinzip, das der Leitstern aller jüdischen Gesetzgebung ist und bleibt. Hierzu gesellt sich der Leitsatz, der in der Bibel siebenmal wiederholt wird: »Durch diese Gebote sollt ihr *leben*!« Die Rabbinen betonen dieses Zeitwort als Aufruf zur immerwährenden Neuerforschung der Schrift, um ihr stets jenen lebensfördernden Sinn abzugewinnen, der das Hauptanliegen der Bibel ist.

Nicht von ungefähr versteht sich das Judentum als *Biophilie*, denn die Erhaltung und die Heilung jedes menschlichen Lebens gilt als heilige Pflicht. Nach der rabbinischen Ethik ist nicht nur der Arzt zur Behandlung verpflichtet, sondern auch dem Laien obliegt es, seine Gesundheit zu fördern und sich im Krankheitsfall behandeln zu lassen. Aus diesem Imperativ heraus werden auch wissenschaftliche Forschungen ganz eindeutig gutgeheißen und unterstützt. Daher gab es im Judentum nie Widerstände prinzipieller Natur gegen Impfungen und Bluttransfusionen, wie sie in manchen anderen Religionen bis heute noch auffindbar sind. Der Talmud sagt das Wesentliche dazu in einem Satz: »Wer ein einziges Leben zerstört, dem wird es angerechnet, als hätte er die Welt vernichtet; wer aber ein einziges Leben rettet, dem wird es angerechnet, als hätte er die ganze Welt bewahrt.«

Wenn wir alle von einem Menschenpaar abstammen und nach Gottes Ebenbild erschaffen sind, haben wir dann nicht alle den gleichen Anspruch auf dieselbe ärztliche Fürsorge und Betreuung? Schon in der Mischna, also um die Zeitenwende, wird uns empfohlen, nicht in einer Stadt zu wohnen, in der es kein Gericht, keine Ärzte und keine Badeanstalten gibt ... Im Gegensatz zu christlichen Vorurteilen sei darauf hingewiesen, daß, ganz im Sinne der Biophilie der Tora, alle dringenden und schmerzbeseitigenden Heilungen am Sabbat und an Feiertagen nicht nur erlaubt, sondern ausdrücklich geboten sind, wie schon betont wurde.

Wohl in keinem Zeitalter gab es so gravierende und umfassende Paradigmenwechsel wie in unserem Jahrhundert. Dies gilt insbesondere für den Bereich der Medizin, in der Forschung und Technik präzedenzlose, aber nicht immer ungefährliche Vistas eröffnet haben. Hier treffen sich der Wissensdurst und oft auch eine gewisse Ruhmsucht der Wissenschaftler mit dem Anspruchdenken des Wohlstandsbürgers, insbesondere in der westlichen Welt. Denken aber nicht beide Seiten zu wenig und zu selten an die Menschen der Zweiten, Dritten und der Vierten Welt, deren Lebensbedingungen auch im medizinischen Bereich Jahrzehnte zurückgeblieben sind? Wäre nicht für junge Ärzte ein Semester als Einsatz in Entwicklungsländern denkbar? Der jüdischen Ethik würde dies vollauf entsprechen! Dies wäre ein Versuch zur Anhebung des Gesundheitsniveaus in armen Ländern und zugleich ein Beitrag, die steigende Flut von Flüchtlingen und Asylsuchern wenigstens zu stabilisieren, wenn nicht zu reduzieren.

Gerade in unserem Jahrhundert lastet auf der deutschen Medizin ganz allgemein – ohne an dieser Stelle eine Kollektivbeschuldigung gegenüber der heutigen Ärzteschaft zu erheben! – eine schwere Hypothek: Es geht um die Schuld der Täter, der Mitwisser, der Zuschauer und der Wegschauer bei den grausamen medizinischen Versuchen an Menschen im Hitlerreich. In diesem Zusammenhang ist der Name von Dr. Mengele zum Inbegriff medizinischer Unmenschlichkeit geworden. Leider war er aber kein Einzelfall. Der Begriff *Mengele* sollte als abschreckendes Beispiel in die Weltgeschichte der Medizin eingehen. – Quer durch die Geschichte der Menschheit finden wir allerdings die stetige Spannung von Angst und Hoffnung im Verhältnis des Patienten zum Arzt. Auch im antiken Judentum gab es Dämonenaustreiber (worin sich auch der Rabbi Jesus von Nazareth bekanntlich auszeichnete) und Wunderheiler, die sich aber selbst als Werkzeuge Gottes verstanden.

In jüdischen Ärztekreisen heutzutage fehlt es nicht an brisanten Kontroversen betreffs der Anwendung biblischer Ethik auf moderne medizinische Bereiche wie z. B. aktive und passive Sterbehilfe, Organverpflanzungen, Organbanken, In-Vitro-Befruchtung, Leihmutterschaft, die Abtreibungsproblematik usw. In einigen dieser Fragen kam man unter den Rabbinen bereits zum Konsens, andere sind noch umstritten, insbesondere zwischen Orthodoxie und Reformjudentum sowie zwischen den Säkularbehörden des Staates Israel und seinem religiösen Establishment. Gerade wegen des enormen Aderlasses im Holocaust ist dem jüdischen Arzt der Wert jedes Einzellebens besonders bewußt. Die jüdische medizinische Ethik verwirft die Euthanasie – wegen der Unzulässigkeit der Vorstellung eines für nicht mehr »lebenswert« erachteten Lebens. Hieraus folgt die unabdingbare Pflicht der Fürsorge und Betreuung von körperlich oder geistig Behinderten, von Alten, Siechen und Pflegefällen. Entgegen jeder Relativierung des Wertes des Lebens statuiert das Judentum die Gleichwertigkeit eines jeden Menschenlebens. Daher kann es keine Klassifizierung des Lebens von Patienten als mehr, als weniger oder als nicht mehr lebenswert geben. Quer durch die Bibel kommt der enge Zusammenhang von Heil und Heilung ganz deutlich zum Ausdruck. Denn das biblisch-hebräische Ganzheitsdenken kann Seelenheil und Leibesheilung nur als eine unzertrennliche Zwei-Einigkeit verstehen. Sie ist völlig interdependent, ist schon zu Bibelzeiten bekannt gewesen und wird heute Psychosomatik genannt.

Der Arzt wurde seit eh und je als »Beauftragter« Gottes hoch geschätzt. Im 2. Buche Moses heißt es ja schon vom Arzt, daß er heilen und behandeln soll und daß ihm dafür das »Arztgeld« zustehe (Ex 21,19). Woraus gefolgert wurde, daß dem Arzt die Pflicht der Behandlung obliegt. Wer ärztliche Hilfe nicht in Anspruch nehmen will und seine eigene Genesung dadurch verzögert oder gar verhindert, gilt den Rabbinen als »Blutvergießer«, auch wenn es um sein eigenes Leben geht. Denn jedem Menschen wurde ja sein Leib und Leben von Gott anvertraut, zur Bewahrung und zur Bewährung, so daß es dem Juden verboten ist, dem eigenen Körper Schaden zuzufügen, von übermäßigem Fasten über die übertriebene Askese bis zum Mißbrauch von Drogen, Alkohol, Nikotin usw. Bei allen Heiligen, zu denen uns die Bibel immer wieder anhält, geht es um den ganzen Menschen und seinem Schalom, und das heißt: sein integrales Ganz-Sein als Antithese aller Zerrissenheit und Entzweiung, um ein dreidimensionales Heil-Sein:

- als Schalom nach innen, mit dir selbst (Klg 3,17)
- als Schalom nach oben – also mit Gott-Eins-sein (Ri 6,24) und
- als Schalom ringsum: als Eintracht mit den Mitmenschen und der Umwelt.

Der Grundstein von Heilsein und jeder Heilung war und bleibt die Unzertrennlichkeit vom Glauben an Gott, dem Vertrauen in die Kunst des Arztes und der Wille des Patienten, geheilt zu werden. Im Falle mancher Krankheit liegt die Heilkraft nicht nur in der Medizin, sondern auch im Körper des Patienten, in der *vis mediatrix naturae*, der wiederherstellenden Kraft der Schöpfung. Die Behandlung stimuliert die natürlichen Funktionen oder beseitigt das, was ihr hinderlich ist. Diese Kraft hat eine entscheidende vitalisierende Funktion bei allen Genesungen und geht von Gott aus. Um vor medizinischem Größenwahn zu warnen, gestattet die Bibel dem einzelnen Arzt, der ja ein Mensch unter Gott bleibt, nicht die alleinige Entscheidung über Leben und Tod, was den Zeitpunkt des Ablebens betrifft. Gab es doch schon, wenn auch selten, Fälle von unerwarteten, nicht vorausgesehenen Genesungen. Genausowenig ist der einzelne Arzt berechtigt, über die Bevorzugung eines Patienten vor einem anderen zu entscheiden, sei es aus finanziellen Gründen oder der Prominenz eines Kranken wegen. Dies wird immer wichtiger werden, angesichts der steigenden Nachfrage, der finanziellen Unerschwinglichkeit sowie dem Mangel an verpflanzbaren menschlichen Organen. Hier ist es höchste Zeit, eine Intensivierung der Forschung an künstlichen und tierischen Hilfsmitteln nachdrücklich zu forcieren.

Trotz erheblicher Unterschiede in der Auslegung der relevanten Bibelstellen im heutigen Judentum bleiben allen Schulen folgende *Grundüberzeugungen* gemeinsam:

1. Gottvertrauen
2. Nächstenliebe
3. das Prinzip der Haftung: für einander und miteinander
4. die Pflicht zur Heilung, gepaart jedoch mit dem Bewußtsein der Endlichkeit des Menschenlebens und aller menschlichen Erkenntnis
5. die dem Arzt gesetzten Grenzen der Forschung, vom Gesetzgeber einerseits bis hin zu einer freiwilligen Selbst-Bescheidung andererseits, hart an der Schwelle des Noch-Machbaren, aber Nicht-mehr-Tragbaren.

Nie zuvor war der Arzt so vielen Versuchungen ausgesetzt wie in unseren Tagen. Und Schlimmeres steht vor der Türe: das Klonen, die Erzeugung von Chimären, die Gen-Manipulation in ihren problematischen Auswüchsen und anderes mehr. Die Verlockungen sind groß und oft verführerisch. Das ist vielleicht die bleibende Aussage der Geschichte von der Vertreibung aus dem Paradies:

Adam und Eva, denen es sehr gutging, erkannten ihre Grenzen nicht mehr an und wollten sein wie Gott. Ihren Fußstapfen folgten die Alchimisten des Mittelalters, die im versuchten Goldproduzieren ihr Heil absichern wollten; ferner die Jungbrunnensucher, die lange leben wollten, ohne alt zu werden; aber vor allem Dr. Faustus, der seine Seele dem Teufel verschrieb, um die Mysterien des Lebens zu ergründen – vielleicht ganz im Sinne der Urmutter Eva in ihrem unersättlichen Erkenntnisdrang.

Unverändert gültig bleibt jedenfalls der biblische Zugang zur Heilkunst von seiten des großen Meisters Rabbi Mosche Ben Maimon, genannt Maimonides (1135–1204), seines Zeichens Bibelexeget, Religionsphilosoph und Leibarzt des Sultans. Er hat uns sein Selbstverständnis als gläubiger Arzt schriftlich in Form eines Gebetes hinterlassen:

Gott, erfülle meine Seele mit der Liebe zur Heilkunst und zu allen Kreaturen. Nimm von mir die Versuchung, die das Dürsten nach Gewinn und die Ruhmsucht mir einflößen bei der Ausübung meines Berufes. Erhalte meinem Herzen die Kraft, damit es immer bereit sei, dem Armen wie dem Reichen zu dienen, dem Freund wie dem Feind, dem Gerechten wie dem Ungerechten. Gib, daß ich in dem, der leidet, nur den Menschen sehe. Gib, daß mein Geist unter allen Umständen klar bleibt. Denn groß und erhaben ist die Wissenschaft, deren Ziel es ist, die Gesundheit und das Leben aller Kreaturen zu erhalten.

Gib, daß meine Kranken Vertrauen haben zu mir und zu meiner Kunst und daß sie meine Ratschläge und meine Vorschriften befolgen. Halte von ihrem Lager die Scharlatane fern, das Heer der Verwandten, die tausend Ratschläge geben, und die Krankenpfleger, die immer alles wissen; das ist eine gefährliche Sippschaft, die aus Selbstgefälligkeit die besten Absichten zunichte macht.

Verleih mir, mein Gott, Nachsicht und Geduld gegenüber den eigensinnigen und flegelhaften Kranken. Gib, daß ich in allem Maß halte, aber unersättlich bin in meiner Liebe zur Wissenschaft. Nimm mir die Vorstellung, daß ich alles vermag. Gib mir die Kraft, den Willen und die Gelegenheit, meine Kenntnisse mehr und mehr zu erweitern, damit ich sie zum Vorteil jener, die leiden, anwenden kann.

Amen!

Vom Tun der Wahrheit

Mit einem nachdrücklichen Aufruf an seine Jünger, sich nicht mit dem »Hören« seiner Rede zu begnügen, sondern sie auch »zu tun«, also zu befolgen, beendet Jesus seine »Bergpredigt« wobei dieser Begriff dem Herzstück seiner Verkündigung gerecht wird.

»Als er sich gesetzt hatte ... *lehrte* er sie«, so heißt es in der Einleitung. Bei einem Rabbi – und so titulieren ihn die Evangelisten nicht weniger als 12mal – weist das Sich-Niedersetzen eindeutig auf eine Belehrung hin, die nach dem Brauch der großen Toraschulen immer im Sitzen erfolgt. So z. B. »sitzen« die Pharisäer auf dem Stuhl Mosis (Mt 23,2), und Jesus »hatte täglich im Tempel gesessen und gelehrt« (Mt 26,55), wie er selbst erklärt – wovon übrigens der deutsche *Lehrstuhl* – über den Umweg von griechisch und latein – abgeleitet worden ist.

Wir haben es hier also im eigentlichen Sinne mit einer *Berglehre* zu tun, nicht mit einer »Bergpredigt«, wie wir es auch im Schlußsatz zu hören bekommen, wo es heißt: Alle Zuhörer waren »ganz betroffen über seine *Lehre*« (Mt 7,28). Wohlgemerkt: Von einer Predigt ist in allen drei Kapiteln des Matthäus nirgends die Rede.

Es geht dabei weder um endzeitliche Voraussagen noch um unerreichbare Ideale, sondern um eine jüdische *Taten-Lehre*, wie Jesus selbst es ja zum Schluß betont: »Jeder, der diese meine Lehre hört und sie befolgt, gleicht einem klugen Mann, der sein Haus auf Felsen baut ... doch jeder, der diese meine Worte hört und sie nicht befolgt, gleicht einem törichten Mann, der sein Haus auf dem Sand gebaut hat« (Mt 7,24–26). Sicherlich will Jesus kein Parteiprogramm entwerfen, wohl aber die Richtschnur für eine Realutopie des *Klein-Friedens*, der von unten her, über den *Lern-Frieden* zum *Völker-Frieden* heranreifen könnte. Es geht um den ethischen Wegweiser für das wache Gewissen aller Zeiten, das an die mögliche Vermenschlichung aller Adamskinder glaubt.

Die Lehrer im Judentum haben schon immer eine besondere

Bedeutung der Aussage beigemessen, mit der das Volk die Gottesoffenbarung zu Füßen des Sinaiberges beantwortet hat:

»Alles, was Gott gesprochen hat, wollen wir tun und hören« (Ex 24,7). Zuerst also das *Tun*, erst dann und dadurch das *Hören* und *Verstehen*. Wie beim Kind: Tuend wächst es in das Verstehen der elterlichen Weisung hinein. So ist auch bei dem Juden Jesus das Drängen auf Tun und Verwirklichung ganz unüberhörbar: »Was nennt ihr mich Herr, Herr und *tut* doch nicht, was ich sage?« (Lk 6,46) Oder an anderer Stelle:

»Wer den Willen Gottes *tut*, der ist mir Bruder, Schwester und Mutter« (Mk 3,35). Eben dieses Tun ist es – eines der häufigsten Zeitworte im jesuanischen Vokabular –, das alle gläubigen Menschen zu »Mitarbeitern Gottes« erhebt, wie auch Paulus, der Pharisäerzögling, den Korinthern schreibt (1. Kor 3,9). Also es kommt auf die gläubige Praxis an, denn »nicht die Hörer der Tora sind bei Gott gerecht«, sondern »diejenigen, die die Tora *tun*«, wie Paulus den Römern verkündet (Röm 2,13).

Wer unsere gesamte Weltgeschichte im Vogelflug zu überschauen vermag, der kann drei Hauptepochen im Werdegang des menschlichen Zusammenlebens unterscheiden:

1. Der Zweifüßler beginnt seine irdische Karriere unter der Vorherrschaft der Gewalt, die die Koexistenz kleiner Horden und Gruppen zu einer Zweckgemeinschaft der Notwehr machte, um das nackte Überleben zu gewährleisten.

2. Lange und blutig war der Weg von diesem Faustrecht zum Recht der Ebenbürtigkeit, das kein Ansehen der Person noch der Muskelkraft anerkennt. Das Ziel war, »gleiches Recht für alle Bürger« zu proklamieren. Doch auch dieses hart erkämpfte Gleich-Recht, das bald zum abstrakten Prinzip kodifiziert wurde, kann wie alle Theorie zu Unrecht mißbraucht werden und zu Haß und Krieg führen.

3. Und so kam es schrittweise zur Einsicht, daß wahre Gerechtigkeit einer transjuridischen Tiefendimension bedarf, um aus papiernen Paragraphen lebendiges Recht zu machen.

Anders gesagt: um die Legalität zur vollen Legitimität zu erheben. Dem entspricht jene hebräische *Zedaka* als »die bessere Gerechtigkeit«, die Gnade vor Justiz ergehen läßt, indem sie dem anderen jenes Vorrecht zugesteht, das nur die Nächstenliebe zu geben vermag. Sie fußt auf der hoffnungsvollen Erkenntnis, daß es nicht genügt, aus dem brutalen Gegeneinander ein gleichgültiges Nebeneinander zu machen, denn der Mensch hat es in sich, zum fruchtbaren Miteinander aufzurücken, das in einem liebevollen Füreinander gipfeln kann. Es handelt sich hierbei um ein machbares Ideal, das die Pharisäer als »das Himmelreich auf Erden« bezeichneten.

Doch zwischen Theorie und Praxis gähnt häufig eine breite Kluft, die nicht leicht zu überbrücken ist. Die heutige Debatte über den Sinn der Berglehre hat ihr zwar erneute Aktualität verliehen, aber auch drei hauptsächliche Fehldeutungen bestärkt, die sie noch immer unentwegt begleiten:

1. eine Sucht nach Vollkommenheit, die sie als eine Liste von Supergeboten versteht, die klipp und klar bezeugen: dies alles muß getan werden, um selig zu werden;

2. eine Theorie der Unerfüllbarkeit, die davon ausgeht, daß alle ihre Forderungen übermenschlich sind, um den Menschen ihre Unzulänglichkeit einzubleuen;

3. eine Torschlußpanik, die einem Aufruf zur äußersten Anstrengung gleichkommt, ehe die Katastrophe des Jüngsten Gerichtes anbricht.

Mir scheinen diese Deutungen verfehlt, denn sie berücksichtigen die beiden Grundzüge der jesuanischen Lehre nicht, die wie ein Doppelfaden sein ganzes Glaubensgut durchlaufen. Das vollkommene Ernstnehmen Gottes, das ihn mit heilsamer Unzufriedenheit mit allen Halbheiten und faulen Kompromissen erfüllt und sein Realismus als profunder Menschenkenner, der zwar radikale Theopolitik betreibt, aber mittels pragmatisch machbarer Methoden, die keinen gutwilligen Menschen überfordern.

Daher empfiehlt es sich, keinem Optimismus zu frönen, denn »Optimum« heißt ja auf latein »das Allerbeste« – und das bringt kein Sterblicher je fertig! Optimisten sind im Grunde Utopisten, die unerreichbare Ziele erstreben und darüber häufig das begrenzt Machbare vernachlässigen.

Wer nach den Sternen greift, fällt meistens aus allen Wolken – auf die Nase. Deshalb sollten wir alle wetterfeste *Melioristen* werden (vom lat. »besser«), die an der schrittweisen, tatkräftigen, gottgläubigen Verbesserung unserer geschundenen Welt mitzuarbeiten gewillt sind – ohne Schwärmerei noch Resignation.

Sinnverwandt mit dieser Einstellung ist Jesu Parabel von den beiden Söhnen. Auf die Bitte ihres Vaters, im Weinberg dieser Welt zu arbeiten, antwortet der erste Sohn: »Ja, Herr« – aber er geht nicht zur Arbeit. Da wendet sich der Vater zum zweiten Sohn mit derselben Bitte, die jener schroff ablehnt; später aber besinnt er sich eines besseren und geht ans Werk. Hieraus folgern wir, daß nur, »wer die Wahrheit *tut*, der kommt zum Licht und wird frei« (Joh 3,21 und 8,32).

Was so manche Menschen verwirrt, ist die Vorstellung der Wahrheit als eines Besitztums, das verwaltet, übermittelt und verabreicht werden kann. In der jüdischen Muttersprache Jesu hingegen ist *Wahrheit* eher ein *Weg*, der beschritten wird, eine Pflicht, die *getan* werden muß, und ein gelebter *Glaube* an Gott, der mutig zum Weiterdenken auffordert.

Schöpfungsgeschichte und Evolution – ein Widerspruch?

Was hat uns das Buch der »Genesis«, das erste Buch Moses, in einem Zeitalter der höheren Bibelkritik, der Kernphysik und der Mondflüge noch zu sagen? Jedes Kind lernt heutzutage in der Schule, daß unsere Welt Milliarden von Jahren alt ist.

Im jüdischen Religionsunterricht aber wurde unlängst das Jahr *5751 anno mundi* gefeiert.

Die Schüler lernen heute überall die Grundlagen der Evolution und daß der homo sapiens angeblich mit dem Affen von einem gemeinsamen Vorfahren abstamme.

Der biblische Schöpfungsbericht hingegen ist rein *theozentrisch*. Nach ihm wurde der Mensch von Gott selbst erschaffen, am Ende seines Sechstagewerkes. *Wissenschaft*, so lautete der Konsensus noch in diesem Jahrhundert, sei modern, dynamisch und aufgeschlossen. *Religion* hingegen sei statisch, rückwärtsgewandt und immobil. Wir sind heute wohl reif genug, um solche primitive Schwarz-Weiß-Malerei als Kinderkrankheit der Aufklärungsepoche zu durchschauen. Doch noch immer fehlt uns die Versöhnungsformel und ein gegenseitiges Verstehen zwischen glaubenloser Wissenschaft und übergläubigem Fundamentalismus, einschließlich der Tausende von Nuancen zwischen diesen beiden Extremen menschlicher Wahrheitssuche.

Und dennoch ist die Schlichtung des Konfliktes im Grunde gar nicht so schwer. Die Wissenschaft erforscht die Materie und die Energien, das schon Gegebene in all seinen Erscheinungsformen und Wirkungsweisen. Die Bibel hingegen geht vom Geber alles Lebens aus, dem wir unser Dasein verdanken. Die Wissenschaft nimmt Gottes Werke unter die Lupe; der Glaube sucht Gott selbst. Die Wissenschaft befaßt sich mit der Weltzeit, also aller menschlich erforschbaren Chronologie, die ihre Werkzeuge und ihr Instrumentarium erkunden können. Die Religion hingegen hat es mit der Urzeit und der Endzeit zu tun; ihre Fragen zielen auf die ersten und die letzten Dinge, die außerhalb der Kompetenz der naturwissenschaftlichen Forschung liegen. Deren Wißbegierde kann eigentlich *nur* «die Mitteldinge« unserer Welt erfassen. Die Mitteldinge, das ist der Bereich der Wissenschaften. Das *Alpha* und das *Omega* hingegen, das heißt: die erste und die letzte Realität, gehören *nicht in* die Wissenschaft hinein, sondern zum Bereich des Glaubens.

In einem Zeitalter, in dem die Entfernungen ebenso schnell schrumpfen, wie sich das Weltall nach herrschender kosmologischer Auffassung vor unseren staunenden Augen immer mehr ausdehnt, ist man im Judentum nicht genötigt, seine Grundüberzeugungen über die Schöpfung einer Revision zu unterziehen oder zurückzunehmen. Warum? Weil man nie versucht hat, Gott zu verwissenschaftlichen. Denn zutiefst gesehen ist die Hebräische Bibel weder ein Werk der Naturwissenschaften noch ein Wegweiser in die Kosmologie, sondern ein Hoheslied von der *Zwei-Einigkeit* von Mensch und Erde und von der Freiheit der *Gesamtnatur*, die nur ihrem Schöpfer untertan ist. In der biblischen Schöpfungsgeschichte kommt ein Zusammenhang zwischen Mensch und Erdreich zum Ausdruck, der das ganze Schicksal des Menschen mit dem Boden dieser Welt unlöslich verknüpft: Zuerst ist das Erdreich als *Adama* da, aber es fehlte ihm der *Adam*, um es zu »bedienen«, wie es heißt. Dann wird von Gott aus dem Lehm derselben *Adama* der erste »Erdling« als *Adam* gebildet und in den Garten Eden gesetzt, um ihn zu bebauen, wie sein Auftrag lautet. Klar klingt aus all den Urgeschichten die *eine* Binsenwahrheit hervor: Die ganze Erde ist und bleibt mit dem Menschen solidarisch, der erschaffen wurde, um sie zu gestalten, zu entfalten und zu verwalten. Auf Gedeih und Verderb bleiben sie einander bestimmt, wobei jedoch der Mensch mit seinem Tun und Lassen das Schicksal seines Bodens verantwortet – als der Ast, auf dem er sitzt, das Feld, das ihn ernährt, und die Mitwelt, die nicht zur Umwelt entwürdigt werden darf, die im Leben und im Tode seine Heimat ist und bleibt. *Aus* der Erde wurde er genommen, *von* der Erde nährt er sich sein Leben lang, und *zur* Erde ist letzten Endes wieder seine Heimkehr.

Kein anderes Wort jedoch wurde so falsch übersetzt, so häufig mißverstanden und mißbraucht wie der Kernsatz aus Gen 1,28: »Macht euch die Erde untertan!«

In einer Nebenbemerkung fügt Luther hinzu: Die Erde soll euch dienen, tragen und geben! Die Übersetzung und die Glosse kann man aber nur als eine »Feudalisierung der Bibel« erachten, eine Entwürdigung der Schöpfung zu einem gehorsamen Untertan, der ausgebeutet, ausgenützt und zum leblosen, lieblosen Gegenstand verdinglicht werden kann. Und dies im diametralen Widerspruch zum hebräischen Denken, das »Du« sagt zu allen Mitgeschöpfen und sie als Wesen gleichen Lebensrechts anerkennt. Der hebräische Kontext liefert zum Mißbrauch keinerlei Handhabe. Im Urtext ergeht vielmehr der Auftrag an den Menschen, als Treuhänder Gottes seine Welt *zu betreuen*, nicht *zu unterjochen*; zu regieren, nicht zu usurpieren. Nur so ist die Betreuung der Erde gemeint: als verantwortliches Regieren, das Schalom erwirkt: Friede und Eintracht, Gerechtigkeit und Fürsorge für die Schwachen, die Schutzlosen und die außermenschliche Kreatur. In diesem Sinne sind die vielen Satzungen der Bibel für den Artenschutz, die Baumpflege, die Reinheit von Wasser und Luft, aber vor allem die Fürsorge und Schonung der Flora und Fauna zu verstehen, also gewissermaßen ein *Elftes Gebot* zur Bewahrung der Schöpfung und Bewährung der Mitmenschlichkeit.

Seit Jahrtausenden fragen Menschen nach dem Ursprung der Welt. Was war am Anfang? Woraus und wie ist die Welt entstanden? Welchen Stellenwert besitzt der Mensch? Die Mythen des Altertums liefern phantasiereiche Scheinlösungen, die von Götterkämpfen und Götterpaarungen erzählen, aus denen das Weltall erstanden sei. Sie thronten tatenlos auf dem Olymp der ewigen Seligkeit und ließen ihre Sklaven, die Menschen, die Arbeit verrichten. Nach der Hebräischen Bibel hingegen erscheint Gott bereits im ersten Bibelsatz als arbeitender Schöpfer, der mühelos die Welt erschafft, um dann am siebenten Tage mit Seinen Menschenkindern aufzuatmen und zu ruhen.

Im radikalen Bruch mit dem mythischen Denken stellt die Bibel keine Fragen, sondern antwortet im Umriß auf die drei hauptsächlichen Umfragen:

Wer hat das Weltall geschaffen?

Was hat er zur Welt gebracht?

Wie ging das vonstatten?

Die materialistische Naturwissenschaft hingegen begnügt sich lediglich mit der *letzten* dieser drei, der sogenannten *Wie-Frage*, was zur heutigen Überbetonung des *Know-How* geführt hat – eine Engführung, die die Wissenschaft ent-philosophiert hat, womit der Verlust ihrer Hellhörigkeit gemeint ist für die Sinnfragen nach dem *Warum* und *Wozu*, nach dem *Woher* und *Wohin*, die sich immer wieder zu Wort melden.

Die Frage nach dem *Was* der Natur bedarf letzten Endes der Metaphysik, die dann ganz unvermeidlich zur *Wer-Frage* hinleitet, die aber nur der Glaube zu beantworten vermag. Diese Wie-Besessenheit hat heutzutage zu einer um sich greifenden Wer-Vergessenheit geführt – einer gleichgültigen Gottlosigkeit, die mit dem armseligsten aller Weltbilder vorlieb nimmt: der pragmatische Materialismus, der dann zur geistig kümmerlichsten Welterklärung führt, zur Theorie vom blinden Zufall.

So vertritt z. B. der französische Biochemiker Jacques Monod mit Entschiedenheit die These, daß das Leben auf unserer Erde »nur ein einziges Mal, und zwar durch einen ungeheuer unwahrscheinlichen Zufall« entstanden sei. Woraus er dann folgert:

»Der Mensch muß endlich aus seinem 1000jährigen Traum erwachen und seine totale Verlassenheit, seine radikale Fremdheit erkennen. Er weiß nun, daß er seinen Platz wie ein Zigeuner am Rande des Universums hat, das für seine Musik taub ist und gleichgültig gegenüber seinen Hoffnungen, Leiden und Verbrechen.« Der Durst nach Wahrheit und Erkenntnis, der Sinn für Gut und Böse; die Gaben des Geistes und das große Heimweh nach einer heilen Welt und einem Weltreich des Friedens – ist alles einer Kette von blinden Zufällen zu verdanken, *ohne* Fügung und ohne höhere Vorsehung? Als diese Frage dem greisen Albert Einstein in Princeton gestellt wurde, da schloß er für einen langen Augenblick die Augen, ehe er erwiderte: »Wenn das Weltall, wie ich es erahne, die Frucht eines blinden Zufalls sein sollte, dann ist das so glaubwürdig, als wie wenn eine Druckerei in die Luft ginge, worauf alle Buchstaben wieder zur Erde fallen in der druckreifen, fehlerlosen Form des Duden-Lexikons.« Und auf die weitere Frage, ob er an Gott glaube, war seine Antwort: »Das brauche ich nicht. Ich sehe ihn doch tagtäglich am Werk!«

In diesem Sinne hat es »Theologie« als eine angebliche »Wissenschaft von Gott« oder gar eine »Gotteskunde« im Judentum eigentlich nie gegeben. Alles, was wir wissen, ist, daß wir IHN nie kennen und von IHM nie etwas erforschen können. »Ich werde sein, wer ich sein werde«. Das ist Gottes Selbstoffenbarung im Dornbuschgespräch, woraus das strenge Bilderverbot der Bibel entspringt; auf daß jeder Mensch und jede Generation sich ihr eigenes Gottesbild erglauben können – ohne festgefrorene Bildnisse oder Skulpturen, die zu so viel Zwist und Blutvergießen geführt haben. In dieser Aussage aus dem Dornbusch ergeht auch eine klare Absage an so manche radikale Feministinnen, die heutzutage Gott auf eine Frauengestalt festschreiben und eingrenzen wollen. Was wir also *von* Gott wissen – wir Juden, Christen und alle anderen auch –, geht unschwer auf eine Postkarte; was wir jedoch *um* Gott wissen, füllt die Bücher unserer Bibel und unzählige Bibliotheken.

Am Anfang schuf Gott Himmel und Erde. Mit diesem Bibelwort kam das Ende des Chaos und des Dunkels, es wurde Licht. Das Buch vom Anfang, also die Genesis, bleibt die mystische Vision aller Ursprünge, gekleidet in wuchtige Worte, die sowohl das Kind wie den Greis, die Einfalt und das Genie so unmittelbar ansprechen, daß alle aus ihm Glauben und Zuversicht schöpfen können, zu Davids Zeiten in den Tagen Jesu und morgen auch. »Die Tora spricht in der Sprache der Menschen«. Dies ist ein oft wiederholter Leitsatz der Rabbinen, der alle Anthropomorphismen, also Aussagen, die behaupten, Gott habe eine Hand, einen Mund, einen Fuß, ja sogar eine Rückseite, zu Stilblüten reduziert und vor jeder Wortwörtlichkeit im Schriftverständnis ausdrücklich warnt. So wird es jedem Bibelleser anheimgestellt, ob er der *dramatischen* Weise der Weltschöpfung in Genesis 1 und 2, der *poetischen* Beschreibung der Schöpfung in Psalm 104 oder der salomonischen Umschreibung der Schöpfung in der Spruchweisheit (8,22–31) den Vorzug gibt. Die Tatsache der göttlichen Schöpfung ist der erste der 13 Glaubensartikel, die tagtäglich in der Synagogenliturgie bekräftigt werden. Jedoch die Art und Weise dieser Schöpfung bleibt offenes Glaubensgut für alle in der großen Exegetenrepublik, die man den Talmud nennt.

So heißt es also seit dem Maimonides: »Ich glaube, daß Gott allein das Schöpfungswerk vollbracht hat, vollbringt und vollbringen wird«, womit sowohl der Grundgedanke der Evolution als fortschreitende Schöpfung wie auch die Erlösung als endzeitliche Vollendung mit einbezogen werden. Natürlich gab es und gibt es im Judentum Fundamentalisten – ebenso wie im Christentum. In beiden Religionen sind diejenigen wohlberaten, die auf ihre Fahne schreiben: Die Bibel kann man entweder wörtlich nehmen – oder ernst! Beides zugleich verträgt sich meistens schlecht.

Dies gilt ganz besonders für den jahrtausendealten Legendenschatz des Judentums, dessen psychologische Tiefendimension so manchen modernen Fachmann der Seelenkunde erstaunen würde.

Warum beginnt die Hebräische Bibel mit dem *zweiten* Buchstaben des Alphabeths? Hinter dieser scheinbar so belanglosen Frage der Rabbinen verbirgt sich die Ansicht etlicher Talmudmeister, daß das anfängliche Schöpfungswerk erst auf dem Berge Sinai vollendet wurde. In dichterischer Weise lehrt dies ein Midrasch, der von einer Beschwerde des Buchstaben *Aleph* zu erzählen weiß. Dieser erhob Einspruch bei Gott, daß er seine Tora nicht mit ihm, dem Aleph, beginnen ließ, sondern diese Ehre dem nächsten Buchstaben zuteilte, dem *Beth*, mit dem das erste Wort der Tora *Bereschit* (am Anfang) beginnt. Wäre es nicht angebrachter gewesen, so protestierte *Aleph* lautstark, die Tora mit mir zu beginnen, statt mit einem anderen Buchstaben, der hinter mir kommt? Gott tröstete den Beschwerdeführer: »Die Zeit wird kommen, wenn Zweck und Sinn der Schöpfung allen offenbart werden, nämlich mit den zehn Geboten am Sinaiberg. Dann werde ICH mit dir meine Worte beginnen – *Anochi*, das heißt: »Ich bin der Ewige Dein Gott«, wonach das Zehnwort folgt. Und so geschah es. In ihrer poetischen Weise will diese Legende eine klare Botschaft vermitteln: Die Erschaffung des Universums wird gekrönt von den geistigen und moralischen Kräften, auf die unser Leben basieren soll.

Wie aktuell diese Bibel und ihre verborgenen Tiefen sind und bleiben, will ich noch anhand von zwei Mahnungen – illustrieren:

Da ist einerseits von der grenzensprengenden Wißbegierde die Rede, die seit Eva viele von uns immer wieder in Versuchung führt – von den Alchimisten des Mittelalters bis zu den heutigen Genmanipulatoren, die in die Schöpfungsordnungen eingreifen wollen. Doch überschreitet der Mensch nicht mit seinem abgründigen Erkenntnisdrang die ihm vom Schöpfer gesetzten Grenzen? Fest steht, das jeder, der nach den Sternen greift, häufig aus allen Wolken fällt, meistens auf die Nase. Wer weiß, ob hier nicht die Wurzeln der heutigen Sinnsuche stecken mit ihrer Anfälligkeit für Sekten, Okkultisten und Heils-Vermarkter aller Art, für Drogensucht und Flucht in den Selbstmord. Die Mitmenschlichkeit und die Heiligkeit des Lebens scheinen dabei oft zu kurz zu kommen.

Ein Midrasch schildert uns das Paradies als Sinnbild der Kindheit eines jeden Menschen. Hier lebt er geborgen und sorglos, aber eines Tages hat dieser Zustand für jeden von uns ein abruptes Ende: Der Engel schickt uns weg in die rauhe Wirklichkeit des Erwachsenseins. Die Tore des Paradieses der Kindheit werden nun verschlossen. Aber die Liebe Gottes bleibt uns auch weiterhin gewährt. Woher wissen wir das? In der Genesisgeschichte näht Gott selbst den Menschen die ersten Kleider, die sie nun auf ihrem Lebensweg dringend benötigen, nachdem die Nacktheit ihrer Kindheit vorüber ist.

Die jüdischen Mystiker fragen: *Warum* schuf Gott überhaupt die Welt? Die Antwort: aus Liebe, denn nur die Liebe bedarf eines Gegenübers, eines Partners, der anders ist als du und dennoch dir im innersten Wesen verwandt ist. So sind wir Menschen allerdings ganz anders als Gott, aber dennoch Träger seines Ebenbildes. – »Was ist der Mensch?« Diese Psalmfrage legt die rabbinische Überlieferung den Engeln in den Mund, meist mit einem ironischen Unterton, worauf Gott selbst als Anwalt seiner Schöpfung auftritt. Die Zwiespältigkeit einer Kreatur, die aus Staub und Gottesgeist geschaffen wurde, erklärt eine uralte Legende, die auch Jesus wahrscheinlich kannte: Als Gott die Welt erschuf, schuf er am zweiten Tage die Engel mit ihren ausschließlichen Trieb, nur Gutes zu tun, und ihrer Unfähigkeit zu sündigen. Am folgenden Tag schuf er die Tiere mit ihren animalischen Begierden. Jedoch irgend etwas fehlte noch immer im Schöpfungswerk. »Ich will daher den Menschen schaffen«, sagt Gott, »der eine Mischung von Tier und Engel sein soll – frei, dem Guten oder dem animalischen Trieb nach eigenem Gutdünken zu folgen.«

Die Schrift weiß wohl um die Sünde »vor der Tür«, die »nach dir giert« wie ein Raubtier, das jedem auflauert. Zugleich weiß sie aber auch um die menschliche Kraft, der Sünde zu begegnen: »Du aber sollst Herr werden über die Sünde!« So lautet der Auftrag, und in diesem Sinne heißt es dann auch: »Leben und Tod habe ich euch vorgelegt, Segen und Fluch! So wählet nun das Leben.« Im Klartext heißt das: nach Auschwitz oder zum Himmelreich auf Erden, zum Bruderzwist oder zur Weltbefriedung, zur Mitweltbetreuung oder zur Umweltzerstörung – beide Wege stehen allen Kindern Adams und Evas offen. Es ist ein stetiger Kampf der Selbstüberwindung, der sie dazu beruft, mündige Mitarbeiter Gottes auf dem Acker dieser Welt zu werden. So stehen sie da vor uns, Adam und Eva: Ebenbild und Erdenkloß; irdischer Natur und göttlichen Geistes, aggressiv und friedliebend zugleich; selbstsüchtig und selbstlos; anfällig für Allmachtsallüren und Ohnmachtsängste – in ungewissem Maße. Der Mensch ist ein Bündel von Selbstwidersprüchen und eine Zerreißprobe auf zwei Beinen, ein lebendiger Bindestrich zwischen oben und unten, verurteilt zur täglichen Freiheit der Wahl. Ja, ein Bindestrich zwischen Himmel und Erde, wenn es gut geht, ein gekrümmtes Fragezeichen, wenn die Schmerzen über ihn kommen, die keinem Sterblichen erspart bleiben.

Gott und das Leid – das ist der Fels, auf dem der Atheismus seine »Kirche« gebaut hat. Auf das Rätsel der *Theodizee* – ein

Begriff, den der deutsche Philosoph Leibniz geprägt hat – haben wir alle, Juden und Christen, keine letztgültige Antwort. Viele von uns fragen vielleicht noch immer zu oft: *Wo bleibt Gott?* Wieso erlaubt er dies oder jenes? Sollten wir nicht doch eher fragen: *Wo ist der Mensch?* Warum tut er wissentlich so oft das Böse und unterläßt das Gute? Dies ist keine akademische Spiegelfechterei, sondern tägliches Geschehen zwischen Einzelpersonen und Völkern. Es geht nicht an, Gott zum Lückenbüßer für die Unmenschlichkeit allzu vieler Zweifüßler zu machen! Nehmen wir doch endlich den Balken aus dem eigenen Auge, bevor wir den Splitter im Auge des Nächsten zerreden. – Nicht von ungefähr ist die häufigste Vokabel im Sprachschatz Jesu von Nazareth das *Tun* als Schlüssel zum Himmelreich auf Erden, als Rezept der Nächstenliebe und als *Imitatio Dei* zugleich.

Wir sollten also weniger von Gott reden, aber so leben, daß man uns voller Freude nach IHM fragt.

Gott schuf den Menschen zu seinem Bilde, so heißt es am sechsten Schöpfungstag. »Als Mann und Frau erschuf er sie.« Die jüdischen Mystiker hinterfragen diese Aussagen und folgern: Gott ist für uns alle *Vater und Mutter zugleich*. Die Hebräische Bibel gebraucht in diesem Sinne für Gott des öfteren Bilder *weiblicher* Natur: Gott als Geburtshelferin, als gebärende Frau, als stillende Mutter, als Hausfrau, Geliebte und als schützende Vogelmutter, um nur die wichtigsten zu nennen. Natürlich findet sich ein *männliches* Bild in der Bibel ebenso: der Herr der Heerscharen, der König und Richter, aber auch der Leidensgefährte.

Der biblische Wortlaut der *zwiefachen* Ebenbildlichkeit ermöglicht weder ein ausschließlich männliches Gottesbild, noch erlaubt er eine maskulin-überhebliche Auslegung, aber auch keine Vorstellung einer Göttin als Herrin des Weltalls. Fest steht, daß das Menschentum in der Bibel als Zwei-Einigkeit geschildert wird, die erst in ihrer gottgewollten Verbundenheit das gesamte Ebenbild Gottes widerspiegelt. Woraus schon in frührabbinischer Zeit gefolgert wurde, daß ein Junggeselle nur ein halber Mensch sei, der der liebevollen Ergänzung einer

Frau bedürfe, um zum Voll-Menschen aufzurücken. Sie berufen sich auf unsere Genesisperikope, wo ja bekanntlich wörtlich geschrieben steht: »Darum wird ein Mann seinen Vater und seine Mutter verlassen und seinem Weibe anhangen« – keineswegs aber umgekehrt, wie man von der angeblich so patriarchalistischen Bibel erwarten würde!

Aber wie steht es denn um die berühmte »Rippe«, aus der Eva einst entstanden sei? So steht es doch im zweiten Kapitel Genesis! Das hebräische Wort, das hier Anwendung findet, kann zwar gelegentlich »Rippe« bedeuten, wird aber häufiger als Flanke oder Seite verwendet, insbesondere im Zusammenhang mit der Stiftshütte, der Bundeslade und beim Altar in Jerusalem. Der Tatsache, daß Eva aus einer Seite Adams entstanden ist, gewinnen die Rabbiner einen tieferen Sinn ab: Hätte Gott der Frau beschieden, *über* den Mann zu herrschen, so hätte ER sie *aus Adams Kopf* geschaffen, wie die Pallas Athene in der griechischen Mythologie aus dem Kopfe des Zeus entsprang. Hätte Gott ihr beschieden, des Mannes *Sklavin* zu sein, hätte ER sie *den Füßen Adams* entnommen. Er aber nahm sie aus des Mannes Seite, weil er sie zu dessen gleichberechtigter Gefährtin bestimmt hat, auf daß sie *Seite an Seite* durch das Leben wandeln mögen.

Ganz anders liegt der Fall bei unserem Bruder Paulus. Er behauptet bekanntlich, der Mann sei das Abbild Gottes, die Frau hingegen sei lediglich »der Abglanz des Mannes« (1. Kor 11,7). Im Gegensatz zu Jesus und den Rabbinern hält Paulus den ehelichen Umgang für »gierige Brunst« (1. Thess 4,5); das Geschlecht sei schlecht oder – im besten Fall – ein notwendiges Übel, so daß die beste Christin »eine keusche Jungfrau sei« (2. Kor 11,2). Ganz anders allerdings ist die Stellung der Frau als angebliche Gehilfin Adams in der Genesis, denn Gott nahm wahr, daß Adam hilfsbedürftig war, und so beschloß ER, ihm eine »Gehilfin zu machen, die um ihn sei«, wie Luther hier übersetzt. Die katholische Einheitsübersetzung hingegen gibt diesen Schlüsselsatz wieder als »eine Hilfe, die ihm entspricht«. Beide Übertragungen werden jedoch dem hebräischen Grundtext nicht gerecht, der klipp und klar von »einer Hilfe, ihm entgegen« spricht, wobei das letzte Wort nicht nur das Gegenüber beschreibt, sondern auch die Opposition ganz unüberhörbar mitschwingen läßt, also genau das, was die Engländer im Unterhaus in London »His/Her Majesty's loyal opposition« benennen.

Eva war also keineswegs als eine unterwürfige *Ja-Sagerin* und auch nicht als eine demütige *Mitläuferin* gemeint, sondern als Person mit Eigenwert, die widersprechen soll und aufbegehren darf – eine Tatsache, die schon in ihrer Namensgebung ganz unmißverständlich angedeutet wird. Denn *Eva*, auf hebräisch *Chawa*, heißt nicht nur »Lebensspenderin«, sondern auch »Sprecherin« und »Sinngeberin«. Drei verwandte Eigenschaften, deren Adam sich nicht so sehr rühmen kann.

Der lakonische Bibelsatz über Mann und Frau als Ebenbild Gottes bestätigt also, daß die Ehe von Anfang an als konstruktive Kontrast-Harmonie vorausbestimmt worden ist. Das Eheleben sollte der Bibel nach also keine langweilige Statik der Symbiose sein, sondern eine spannungsreiche Liebesdynamik im Zweiertakt von Kooperation und Opposition, von Begegnung und Entgegnung, die beiden Partnern zur Entfaltung verhilft. »Warum also schuf GOTT«, fragen die Rabbinen, »das Menschenpaar zu seinem Ebenbild?« Auf daß sie an der Welt bauen und die Arbeit verrichten mögen, die Gott begonnen hat. Unser Leitstern sollten die drei biblischen, von Gott bestellten Fragen bleiben:

Wo bist du, Adam?
Was hast du getan, Eva?
Wo ist dein Bruder, Kain?

Erst wenn wir diese drei Fragen aufnehmen und uns ihnen tagtäglich stellen, werden wir dem Ideal der verantwortlichen Freiheit gerecht. Daher sollten wir alle weder *weltflüchtig* noch *weltsüchtig* sein, wohl aber *welttüchtig*, um gemeinsam diese Schöpfung zu bewahren und Menschenrechte überall zu bewähren.

Jona, Fauna und Flora in Ninive

Wer ist ein Prophet?

Eine der tragischsten und weitreichendsten Fehlübersetzungen aus der Hebräischen Bibel ist der Begriff »Prophet« (hebr. Nawi). Er sollte eigentlich mit Künder oder Mahner, mit Rüger und Warner, mit Stimme des Gewissens übersetzt werden. Keineswegs aber als »Vorauswisser« der Zukunft nach dem bekannten Muster aus Delphi.

Das Anliegen des *Nawi* oder – wie er früher hieß – *Roeh*, der *Seher*, war es, das Volk immer auf zwei Optionen hinzuweisen: den Weg des Heils und den der Sünde. Mit brennender Sorge bemühten sich alle Propheten Israels, das Volk in politischer und persönlicher Hinsicht immer auf den richtigen Weg hinzulenken oder vom falschen Weg abzubringen. Ihre oft furchterregenden Strafandrohungen hatten erzieherischen, ja, abschreckenden Charakter: Bitte, vermeidet euren Fehlentschluß doch, kehrt um, auf daß diese meine Drohbotschaft nicht Erfüllung finden möge.

Orakeldeuten im Sinne von Delphi über das Wetter von morgen war nicht Aufgabe und Amt eines jüdischen Propheten. Fester Bestandteil seiner Verkündigung aber blieb zu allen Zeiten die Verheißung des Heils für die messianische Zeit: Stellvertretend für alle anderen sei hier Jesaia zitiert: »Da werden sie ihre Schwerter zu Pflugscharen und ihre Spieße zu Sicheln machen. Denn es wird kein Volk gegen das andere das Schwert mehr erheben, und sie werden hinfort nicht mehr lernen, Krieg zu führen.« (Jes 2,4)

Warum will Jona den Auftrag Gottes zum Nawi nicht annehmen?

An Jona Ben Amitai, einen schlichten Israeliten aus dem Volke, ergeht in einer göttlichen Vision der Auftrag, als Prophet in die ferne Heidenstadt Ninive in Assyrien (etwa das heutige Persien) zu gehen und deren Untergang zu verkünden, da das Maß ihrer Missetaten voll sei. Jona weigert sich, den Auftrag anzunehmen. Dies ist ein fast allen Propheten Israels gemeinsamer Zug: Die schwere Bürde des Ruferamtes ist ihnen von Anfang an bewußt, und alle scheuen sich vor ihrer Annahme. So auch Moses, der sich als Stotterer für unfähig erachtet, Gottes Wort zu verkünden. Jeremia zum Beispiel hielt sich für zu jung und zu gering für die Aufgabe. Angenommen haben sie die Berufung aber letzten Endes alle.

Jona jedoch will nicht nach Ninive, weil er weiß, daß Gott sich seiner sündigen Geschöpfe – wenn sie Buße tun werden – erbarmen wird. Der Prophet aber mit seiner finsteren Drohbotschaft würde von derselben Bevölkerung Ninives geschmäht werden. Wozu soll er da von Jaffa am Mittelmeer die beschwerliche Reise nach Persien unternehmen, wenn Gott zu guter Letzt das verheißene Unheil abwenden wird?

Hier lernen wir den Propheten Jona als Menschen wie unsereinen kennen. Er ist kein überirdisches Geschöpf, hat Schwächen, wie wir sie auch bei anderen Propheten, die alle Menschen waren und blieben, kennenlernen. Es gibt aber kein Entrinnen vor dem himmlischen Auftrag, auch wenn der Mensch ihn und sein Ziel zunächst nicht versteht. Daher landet Jona widerwillens doch in Ninive und erfüllt seinen Dienst.

Was geht einen jüdischen Propheten die Heidenstadt Ninive eigentlich an?

Es gibt in der hebräischen Bibel mehrere große Gestalten, die nicht Juden, Hebräer oder Israeliten sind: zum Beispiel Jitro, Hiob, Bileam, Ruth, die Moabiterin, Rahab, die Hure von Jericho und viele andere mehr. Die Gnadenliebe Gottes erstreckt sich natürlich auf sein Bundesvolk Israel, aber ist auch allen Menschenkindern insgesamt gewährleistet. Schließlich stammen wir alle von einem Menschenpaar ab, das von Ihm geschaffen ist, nach seinem Ebenbild. Niemand hat also »blaueres Blut« als sein Nachbar. Das ist die große Botschaft des Büchleins Jona: Ein Hebräer wird in eine feindliche Stadt gesandt, um die Heiden auf den richtigen Pfad des Heils hinzuweisen.

Die Wichtigkeit der Buße und Umkehr

Bereits die verwilderten, fremden Matrosen auf dem Schiff, auf das sich Jona begeben hat, öffnen sich der Einsicht, daß es nur einen Gott gibt, zu dem aber verschiedene Wege führen können. Jonas Wort in Ninive erreicht auch den dortigen König. Dieser ordnet Buße und Umkehr vom bösen Weg der Sünde an. In seiner Übereile und voller Eifer wünscht er, daß alle Einwohner »mitsamt ihrem Vieh« – man höre und staune! – Trauergewänder anlegen und Asche auf ihr Haupt streuen mögen. Es gibt also auch Humor in der Bibel. Die große Botschaft ist hier fest verankert: Die Wege der Umkehr sind jedermann jederzeit offen. Aber um eine Einsicht seiner Missetaten und erfolgter Wiedergutmachung kommt keiner herum.

Die Umwelt in der Bibel und Jonas Botschaft

Die heute so geplagte Umwelt, die in aller Munde ist und von vielen als ihr Erbhof in Anspruch genommen wird, hat von Anfang an einen zentralen Stellenwert in der Bibel. Vom Artenschutz der Tiere über das Ruhejahr der Erde bis zur Fürsorge für die Arbeitstiere auf Hof und Feld sind viele Schutzverordnungen fest verankert, aber leider bei vielen von uns völlig unbekannt. Fast möchte man die Verantwortung für unsere *Mitwelt* als das 11. Gebot der Bibel bezeichnen: Schließlich ist, wie gesagt, eine der Botschaften der Genesisgeschichte, daß Fauna und Flora Gottes Geschöpfe sind genau wie wir Menschen und sogar vor uns von ihm erschaffen wurden. Was hat das alles mit Jona zu tun?

Jona hat in seiner Frustration in Ninive Schutz vor der glühenden Sonne unter einem Rizinusstrauch gefunden, der ihm sehr tröstlich ist. Da kommt ein Wurm, und der Baum welkt. Jona beschwert sich bei Gott über sein Mißgeschick! Aber Gott klärt ihn liebevoll auf: Baum und Wurm sind meine Geschöpfe; hast *du* sie vielleicht erschaffen, und wirst *du* für sie sorgen? Das ist die Botschaft: Tut etwas für die Umwelt!

Und das Buch schließt mit der Frage Gottes an seinen Propheten: »Du hast Mitleid mit dem welkenden Strauch, und ich soll nicht Mitleid haben mit den reuemütigen Sündern von Ninive und ihren unschuldigen Tieren und ihrem Vieh?« Womit der Leser klar und deutlich den Sinn des merkwürdigen Auftrages an den Propheten aus Jaffa verstehen lernt: Er soll in die Heidenstadt Ninive gehen, um dort Menschen, Tieren und Umwelt zum Heil Gottes zu verhelfen.

Vom mißverstandenen Esel

Dem Tierschutz und dem Verbot der Tierquälerei werden in der Bibel über hundert Satzungen gewidmet, die von der Brutpflege der Küken über die Ernährung der Haustiere bis hin zur Haltung von Ochsen reichen, denen beim Dreschen nicht das Maul verbunden werden darf. Wenn er für dich arbeitet, so sagt die Schrift, darf er auch von der Frucht seiner Arbeit fressen – auch während der Arbeitszeit. Dem Esel als Reittier und geduldigem Lastenträger wird dabei besondere Aufmerksamkeit zugemessen. In den zehn Geboten kommt er gleich zweimal vor: Zuerst wird ihm die Sabbatruhe gewährleistet, zusammen mit dem Vieh im Stall, und danach wird er im Neid-Verbot ausdrücklich hervorgehoben: »Du sollst nicht begehren Deines Nächsten Weib und seinen Knecht, Magd, Rind oder Esel, noch alles, was dein Nachbar hat« (Ex 20,14), womit sowohl sein Eigenwert als auch seine wertvolle Hilfe im Haus und Hof betont werden sollen.

Für so wichtig hält die Bibel den Meister Langohr, daß sie ihn sowohl zur Meßschnur der praktizierten Nächstenliebe als auch zum anregenden Schulbeispiel für die handfeste Entfeindungsliebe macht. Im 5. Buche Mose lesen wir: »Wenn du deines Bruders Esel (...) unterwegs fallen siehst, so sollst du dich seiner annehmen und ihm aufhelfen« (Dt. 22,4). Im 2. Buche Mose aber heißt es: »Wenn du den Esel deines Feindes unter seiner Last erliegen siehst, so laß ihn ja nicht im Stich, sondern hilf ihm mit deinem Widersacher zusammen auf die Beine!« (Ex 23,5) – Was aber soll man tun, so fragen die Rabbinen zu Jesu Lebzeiten, falls der Esel deines Bruders und der Esel deines Feindes ausgerechnet zur gleichen Zeit deinen Beistand benötigen? Diese Gewissensfrage, die vor 2000 Jahren leidenschaftlich landauf landab durchdiskutiert wurde, mag Jesus beim Gebot der sogenannten falsch übersetzten »Feindesliebe« vorgeschwebt haben, denn sie besagt: Zuerst hilf dem Esel deines Widersachers, denn dadurch rettest du ein Tier, du wandelst das Herz eines Feindes, und du gewinnst einen Freund.

Drei gute Dinge auf einen Schlag! Dann erst nimm deinen neugewonnenen Freund, der gestern noch dein Gegner war, und geht zusammen hin, um dem Esel deines Bruders beizustehen. Die Moral liegt auf der Hand: Zwei Esel werden gerettet und betreut, zwei Menschen wird geholfen, und ein Stück Feindschaft wird aus der Welt geschafft.

Daß Esel und Eselinnen des öfteren auch heilsgeschichtliche Aufgaben zu erfüllen haben, bezeugt die Erzählung vom heidnischen Seher Bileam, der vom Moabiterkönig Balak gedungen wird, um die Stämme Israels zu verfluchen. Ehe Bileam den Auftrag übernimmt, holt er jedoch den Rat Gottes ein, der ihm befiehlt, nicht mit den Männern des Balaks zu ziehen: »Verfluche das Volk nicht«, so lautet das Geheiß, »denn es ist gesegnet!« (Num 22,12) Balak erhöht hierauf sein Honorarangebot und verspricht, den Seher mit Geschenken zu überhäufen. Abermals befragt Bileam den Herrn, der überraschenderweise eine Konzession macht: »Geh mit Balak, aber sage *nur*, was ich dir in den Mund legen werde!« Bileam hüpft das Herz im Leibe, denn er glaubt, sich durchgesetzt zu haben. Doch halt! Sein treues Reittier belehrt den Weissager eines Besseren. Die Eselin, die klüger ist als ihr Meister und mehr sieht als der Seher selbst – nämlich den Engel des Herrn, der ihr den Weg versperrt –, »drängt sich an eine Mauer, klemmt ihrem Reiter den Fuß ein«, und als das nichts hilft, fällt sie in die Knie, worauf der alte Seher im Straßenkot landet. Dreimal wird sie dafür mit dem Stecken wundgeschlagen, tut aber ihr Maul auf, um Bileam zurechtzuweisen: »Bin ich nicht deine Eselin, auf der du geritten bist von jeher bis auf diesen Tag? War es je meine Art, so mit dir umzugehen? Was habe ich dir getan, daß du mich geschlagen hast?« (Num 22,28ff.) Doch ehe er sich verteidigen kann, öffnet ihm der Engel des Herrn die Augen und teilt ihm mit, daß »sein Weg verkehrt sei« und daß er der Eselin sein Überleben verdankt, »denn wenn sie mir nicht ausgewichen wäre«, so erklärt er dem erstaunten Bileam, »so hätte ich dich jetzt getötet, aber die Eselin am Leben gelassen.« (Num 22,33) Worauf bei Bileam endlich der Groschen fällt, und er verspricht, nur das zu sagen, was der Engel ihm auftragen werde.

Der Rest der Geschichte ist allen bekannt. Dreimal versucht der alte Bileam, Israel zu verfluchen, jedoch dreimal muß er die zwölf Stämme widerwillig segnen, noch dazu mit Lobpreisungen, die wegen ihres Wohlklangs längst in die Synagogenliturgie aufgenommen worden sind. Kein Wunder, daß die jüdische Überlieferung »das Prinzip Bileam« zum Decknamen für jede Macht erklärt hat, »die stets das Böse will, doch oft das Gute schafft« – und all dies mit Hilfe einer hellsehenden, sprachbegabten Eselin noch dazu!

Eines der zentralen Kapitel der Hebräischen Bibel hat die Fesselung Isaaks zum Gegenstand, wo von der Glaubensprobe Abrahams die Rede ist, der bereit war, auf Gottes Geheiß seinen eigenen Sohn zu opfern, bis der Engel des Herrn ihn im letzten Augenblick daran hinderte. Nun heißt es ebenda im dritten Vers: »Da stand Abraham früh am Morgen auf, sattelte seinen Esel und nahm mit sich zwei Knechte und seinen Sohn.« Einige Zeilen später aber heißt es: »Abraham sagte zu seinen Knechten: Bleibt ihr hier bei dem Esel. Ich und der Knabe werden dorthin gehen, und wenn wir angebetet haben, werden wir wieder zu euch zurückkehren.«

Den Mystikern fiel schon vor langer Zeit die seltsame Betonung des Esels in diesem Bericht auf. Sie fragten sich: Ist es denn so wichtig zu wissen, daß Abraham auf einem Esel ritt und nicht in einem Wagen fuhr? Und daß der Esel dann bei den Knechten blieb, anstatt das Brennholz bis zur Opferstätte zu tragen? Doch da in der Bibel weder Mangel noch Überfluß an Worten herrschen, so muß wohl auch diesem zweifach erwähnten Esel eine verborgene Bedeutsamkeit innewohnen.

Bei ihrer Suche nach diesem tieferen Sinn stießen die Mystiker auf zwei andere Bibelstellen, in denen ebenfalls von einem Esel erzählt wird. Als Mose das Land Midian verließ, um seine Sendung als Volksbefreier zu erfüllen, heißt es im 2. Buche Mose: »Da nahm Mose seine Frau und seinen Sohn, setzte sie auf einen Esel und zog nach Ägypten.« (Ex 4,20) In der Verheißung des messianischen Friedensreiches heißt es dann bei dem Propheten Sacharia: »Du, Tochter Zion, freue dich sehr, und du, Tochter Jerusalem, jauchze! Siehe, dein König kommt zu dir, ein Gerechter und ein Erlöster, sanftmütig und reitet auf einem Esel; auf einem Füllen der Eselin.« (Sach 9,9) Aus diesen drei Stellen zogen die Meister der mystischen Geheimlehre die Schlußfolgerung, die sich schon im Altertum in der jüdischen Überlieferung eingebürgert hat: »Auf diesem Esel, den Abraham gesattelt hat, ließ auch Mose seine Familie reiten, und auf diesem Esel wird dereinst auch der Messias kommen.« (Pirke de Rabbi Elieser 31)

Von den unzähligen Legenden, die dieser Tradition entstammen, sei hier nur eine erwähnt, die zu den Geschichten der jeminitischen Juden gehört:

Eine fromme alte Witwe namens Saada wußte, daß der Messias in der Nacht der Passafeier kommen würde, aber da die vorgeschriebenen Becher Wein sie in einen tiefen Schlaf zu versenken pflegten, hatte sie furchtbare Angst, sie könnte die Erlösung verschlafen. Der Messias würde zu Mitternacht kommen, die ganze Gemeinde auf Adlerflügeln nach Zion bringen, und sie würde dann mutterseelenallein im Exil zurückbleiben. Da kam ihr plötzlich ein Einfall. Sie bereitete sich ihr Lager auf der Schwelle ihres Hauses, band sich um den linken Fuß einen Strick und hängte diesen ihrem Esel um den Hals. Der Esel würde sicher merken, wenn der Messias käme, er würde ja den Esel des Messias wittern und dann vor Freude laut aufschreien. So schlief sie, von den vier Bechern müde geworden, aber nicht von Sorge beschwert, getrost ein. Um Mitternacht fing der Esel gewaltig zu schreien an und lief durchs offene Tor auf die Straße, immer seine Herrin hinter sich herschleppend. Diese war voller Freude, den Messiasruf vernommen zu haben, und ließ sich gerne so fortziehen, nur war es ihr ein wenig zu ungestüm, weshalb sie sich erlaubte zu rufen: »Lieber Herr Messias, sachte, sachte!« Die Nachbarn erwachten von diesen seltsamen Rufen und waren nicht wenig über den Anblick erstaunt, der sich ihnen bot. Sie hielten den Esel an und schrien der Alten ins Ohr: »Saada, es ist nicht der Messias, es ist nur dein Esel!« Sie aber ließ sich durch die Nachbarn nicht beirren und rief immerzu: »Nicht so schnell, lieber Herr Messias, bitte nicht so schnell!«

Im Leben Jesu spielten drei Esel eine entscheidende Rolle: bei seiner Geburt, auf der Flucht nach Ägypten und beim Einzug in Jerusalem. Der Wahrheit zuliebe muß aber hinzugefügt werden, daß sowohl der Weihnachtsesel als auch der Fluchtesel ihre Existenz der Volksfrömmigkeit verdanken, denn die Evangelien wissen von ihnen nichts. Lukas spricht lediglich von einer Krippe, in die Maria ihr Kind gelegt hatte. Wo eine Krippe ist, da ist auch ein Stall, so folgerte die spätere Überlieferung, die dann noch zur Sicherheit »den Ochsen und das Eselein« hinzuphantasierte. Hier muß ich jedoch im Namen des christlich-jüdischen Dialogs Einspruch erheben, denn die beiden Tiere sind aus Jesaja entliehen und in die Geburtsgeschichte »hineingeschmuggelt« worden, gewissermaßen als deutlicher Seitenhieb gegen die Juden.

Bei Jesaja heißt es nämlich gleich zu Anfang seiner Prophetie: »Ein Ochse kennt seinen Herrn, und ein Esel die Krippe seines Besitzers, aber Israel kennt's nicht, und mein Volk versteht es nicht.« (Jes 1,3) Diese Rüge des Propheten wurde aus ihrem Zusammenhang herausgerissen und von den Kirchenvätern in eine zoologische Huldigung des neugeborenen Jesus umfunktioniert, nur um Israels angebliche Verstocktheit mittels der beiden Vierfüßler anschaulich anzuprangern.

Ob dieser *antijüdische* Esel derselbe war, der vom dritten Jahrhundert an Maria und ihr Kind auf der Flucht vor Herodes nach Ägypten zu tragen hatte, ist nicht bekannt. Gewiß ist es aber, daß der Palmsonntagsesel, auf dem Jesus in Jerusalem einzog, eng verwandt war mit dem prophetischen Esel des Sacharja, auf dem der Erlöserkönig reiten sollte. Dies bestätigt nämlich Matthäus selbst, indem er Jesu Einzug als Erfüllung der alten Verheißung schildert (Mt 21,4ff.). Ihm widmete der Kardinal Roger Etchegaray eine kurze Meditation, in der das Tier selbst wie einst Bileams Esel zu Wort kommen darf. Wichtig ist hier nicht nur der fromme Eselsmonolog, sondern auch, daß Jesus endlich einmal herzlich lachen darf, was in den Evangelien leider ausgelassen wurde. Dem Kardinal gemäß hat der fröhliche Esel folgendes zu sagen: »Ich weiß nicht viel, aber ich weiß, auf meinem Rücken trage ich Christus. Und darauf bin ich stolzer als auf meine grauen Ahnen. Ich trage ihn, aber er leitet mich: Ich weiß, er führt mich in sein Reich, und ich vertraue ihm ... Wenn ich an einen Stein stoße, wird mein Meister arg geschüttelt, aber er tadelt mich nicht. Er ist wunderbar gut und geduldig mit mir. Ich laufe schweigsam. Es ist gut, wie man sich versteht ohne Worte ... Wenn ich meines Herrn Lob singen will, mach' ich ein Heidengebrüll, ich sing' falsch. Dann lacht er herzlich, sein Lachen verwandelt den Pfad zum Tanzweg, und meine Hufe zu Sandalen des Windes ...«

Sind Engel heutzutage arbeitslos?

Jeder kennt sie, jeder redet von ihnen, aber gibt es sie wirklich: die Engel? »Kämen keine Engel mehr«, so sagt eine alte Tradition, »ginge die ganze Welt unter.« Beginnen wir mit dem Traum Jakobs von der Himmelsleiter. Dort heißt es im 1. Buche Moses: »Siehe, eine Leiter stand auf Erden, die rührte mit der Spitze an den Himmel, und siehe, die Engel Gottes stiegen daran auf und nieder.« Die Frage stellt sich: Warum stiegen sie erst hinauf und dann hernieder? Wohnen sie denn nicht im Himmel? Sicherlich, so lautet die Antwort der Rabbinen, aber viele von ihnen sind dauernd auf Erden beschäftigt – als Retter, Helfer, Mittler und Boten Gottes, so mancher von ihnen in Menschengestalt. Aber warum das dauernde Auf-und-ab-Steigen? Die Engel steigen hinauf, so sagt eine uralte Deutung, um alle Gebete der Menschen vor Gott zu bringen; sie steigen dann wieder hernieder, um uns Gottes Segen zu erteilen. Eine andere Deutung besagt, daß die von der Erde aufsteigenden Engel die guten Taten der Menschen darstellen, die im Himmel mit Freuden empfangen werden. Die Leiter selbst dient als Brücke zwischen oben und unten, die Himmel und Erde zusammenhält.

Das mag erklären, warum Engel in der Bibel meist mitten im Alltag auftauchen. So z. B. begegnen sie Abraham in der Mittagsruhe, dem jungen Samuel hingegen mitten in der Nacht, Hagar bei einer Wasserquelle in der Wüste, Josua bei der Vorbereitung eines Feldzuges, Gideon in der Kelter, den Hirten auf der Weide und vielen anderen Menschen bei der Arbeit, unterwegs oder dort, wo niemand Boten Gottes erwarten würde. Auffällig häufig sind Engelerscheinungen, die biblischen Frauen zuteil werden: von Sara über die Mutter des Simson bis zu Maria von Nazareth, um nur einige wenige zu nennen. Wohlgemerkt: Jahrtausende vor dem Aufkommen der Feministischen Theologie! Mehr noch! Manoach, der Vater des Helden Simson zum Beispiel, macht bei den Engelgesprächen seiner Frau eine recht dümmliche Figur.

Das Wort »Engel« kommt vom lateinischen *Angelus*, das vom hebräischen *mal'ach* hergeleitet wird und »Bote« bedeutet. Das heißt, daß Engel nicht im eigenen Auftrag handeln, sondern als Abgesandte Gottes. Als solche überbringen sie Rat, Mahnung und Verheißung, oder sie leisten Beistand in Not. Nicht immer begegnet der Engel uns als vertraute Gestalt – mit oder ohne Flügel. Genausooft taucht er auf als Eingebung, Vision, Traum oder Naturereignis. So erscheinen eines Tages dem kranken betagten Erzvater Abraham »drei Männer«. Die Tradition versteht sie jedoch als Engel – mit Spezialaufträgen: Engel Nummer eins stattet Abraham einen Krankenbesuch ab, was uns bis heute als Vorbild gelten soll! Engel Nummer zwei brachte frohe Botschaft für die alternde Sara: Ein Wunder wird geschehen, indem sie übers Jahr einen Sohn gebären wird. Engel Nummer drei hatte den Auftrag, die Familie Lot, die anständigen Außenseiter in der Frevlerstadt Sodom, vor dem bevorstehenden Untergang zu erretten. Wie vollbeschäftigt Engel immer schon waren, entnehmen wir ihrer Eile trotz der herzlichen Einladung Abrahams, doch länger bei ihm zu verweilen. Der Enkel Abrahams, Jakob, hatte eine ganz andere streitbare Begegnung mit einem Engel, die zu einer wesentlichen Verbesserung seines Charakters führen sollte. Die Bibel berichtet uns ausführlich von seinem Ringen mit ihm, wonach er, angeschlagen, aber unbesiegt, zu »Israel« umbenannt wurde. Als Mittler haben Engel den Propheten Israels des öfteren die göttliche Botschaft verdeutlicht, wie es in den Prophetenbüchern nachzulesen ist.

Warum eigentlich sind alle Engel in der Kirchenkunst mit Flügeln geschnitzt, gemalt oder gemeißelt worden? Die Inspiration dafür ist wohl bei den Propheten Jesaja und Ezekiel zu finden, in deren großen Visionen *Cherubim* und *Seraphim* mit Flügeln auftreten. In der jüdischen Kunst gibt es wegen des Bilderverbots im Zehngebot nur selten figürliche Darstellungen von Engeln, was aber die Phantasie von jedermann und jederfrau um so mehr beflügelt.

»Jakob zog seines Weges, und es begegneten ihm die Engel Gottes«, wie wir in Gen 32,2 lesen. Diese Aussage regte seit eh und je die Phantasie der Rabbinen an. *Wie viele* Engel waren es wohl? Die gängige Tradition berichtet uns von 12000 Schutzengeln gemäß den 12 Stämmen Israels. Von hier war es nur ein gedanklicher Katzensprung zu den »mehr als zwölf Legionen Engeln«, auf die sich Jesus bei seiner Gefangennahme in Gethsemane berief. Die jüdische Volksfrömmigkeit hat viele dieser Motive aufgegriffen und weiter entfaltet. »Denn er bietet seine Engel für dich auf, daß sie dich behüten auf all deinen Wegen.« Dieses Psalmwort (91,11) ist die Grundlage der schönen Tradition, nach der zwei Engel jeden Synagogenbesucher am Schabbatabend nach Hause begleiten.

In Psalm 8,6 lesen wir: »Du, o Gott, hast den Menschen wenig niedriger gemacht als die Engel«, während wir zuvor lesen (Ps 8,5): »Was ist der Mensch, daß du seiner gedenkst?!« Dies ist, oberflächlich betrachtet, scheinbar ein Widerspruch, zutiefst gesehen aber nicht: So steht er nämlich da vor Gott, der Mensch: Ebenbild und Erdenkloß, eine Mischung von göttlichem Geist und Erdenstaub, eine Zerreißprobe auf zwei Beinen, erdgebunden und himmelanstrebend zugleich. Wir sind eben noch unterwegs zur echten Menschwerdung und zur Bewährung auf dieser Erde. Die Engelsähnlichkeit von Psalm 8 sollte uns dabei als Ansporn dienen.

Wir haben die Bekanntschaft einiger berühmter Engel gemacht. Sie und ihre Kolleg(inn)en sind allzeit und überall um uns Menschen und unsere Umwelt bemüht in einem schier endlosen Fächer von Aufträgen und Sendungen. Viele von uns erfüllen sie mit Mut, Lebensfreude und Zuversicht. Anbeten aber oder gar vergötzen sollten wir sie jedoch nicht. Denn auch sie sind ja wie wir Geschöpfe unseres Vaters im Himmel, in dessen Händen alle Geschicke liegen. Ich möchte deshalb mit einem ökumenischen Hoffnungsstrahl schließen: Der Erzengel Michael, dessen Name gut hebräisch *Wer ist wie Gott?* heißt, ist bekanntlich recht überlastet, dient er doch seit den Zeiten des Propheten Daniel als der Schutzengel Israels. Zusätzlich hat ihn Kaiser Ludwig der Fromme im Jahre 813 zum Schutzpatron der Deutschen Nation proklamiert. Sollte diese gemeinsame Schutzherrschaft uns nicht endlich zu mehr Zusammenarbeit und gegenseitiger Verständigung anfeuern? Die Herausforderung drängt, und die Zeit ist reif.

III.
Perspektiven einer Gegenwartsbewältigung

Fördern die Religionen den Weltfrieden?

Religion, Wissenschaft und Wirtschaft in unserer Welt befinden sich in einer Phase des *Umbruchs* von einer Wucht und Bedeutsamkeit, wie wir sie seit dem Beginn der sog. Neuzeit nicht gekannt haben.

In der Regel nimmt man einschneidende Entwicklungen und Veränderungen zur Zeit des Geschehens nicht wahr; erst wenn die Folgen von Taten und Unterlassungen Früchte tragen, sind wir den Konsequenzen unseres Handelns ausgesetzt. Der erfahrene Bootsmann sollte jedoch den heraufziehenden Sturm rechtzeitig erspüren und schnellstens das Steuer herumwerfen, um sich vom Wind tragen zu lassen, anstatt peitschenden Gegenwinden ausgesetzt zu sein. Es ist auch ein Zeitalter des *Mißbrauchs* der großen alten Worte, der sie viel von ihrem ursprünglichen Sinn einbüßen läßt und sie nur allzu rasch zu leeren Worthülsen zu reduzieren droht.

Worin besteht eigentlich der heutige Umbruch? Zunächst einmal in der Gesellschaft, in der die herkömmliche Ehe- und Familienstruktur ins Wanken geraten ist, das an sich schöne Prinzip der Selbst-Verwirklichung grenzt leider häufig an rücksichtslosen *Egozentrismus*. Auch der Stellenwert von *Jung und Alt* hat sich radikal verändert: Früher galt der Ältere als *Tradent* und *Bewahrer* der akkumulierten Weisheit und Erfahrung und war als solcher allgemein akzeptiert und geschätzt. Der Jüngere war auf ihn weitgehend angewiesen. Mit der rapiden Entwicklung der Technologie und der Automation ist nun aber der Ältere in der Regel auf die Elastizität des Jüngeren angewiesen, der die stetigen Neuerungen der angewandten Wissenschaften besser zu integrieren vermag.

Weiterhin stellt sich die Frage, ob der wachsende Einfluß der Massenmedien auf die Menschen (Vermarktung von Pornographie und Gewalt) zum Segen oder Fluch gereichen wird. Ist die leichte Käuflichkeit von Sex, Alkohol, Drogen und Weltreisen zu Gurus in fernen Ländern förderlich für ein kreativeres Miteinander? Angesichts der zunehmenden *Vergreisung* unserer

Gesellschaft könnte es eines Tages einen »Seniorenberg« geben – also Menschen, mit denen man als »Altlast« nichts mehr anzufangen weiß?

Der Themenbereich der Humangenetik und der Risiken der Genmanipulation ist ein weiteres umfassendes Problemgebiet. All dies sind aber nur die Spitzen eines Eisberges von Umbrüchen, zu denen ganz prominent auch diejenigen in der Wirtschaft und der Politik gehören.

In der »vorsintflutlichen« Epoche vor dem 9. November 1989 gürteten wir alle unsere Lenden zielbewußt auf die Öffnung des europäischen Binnenmarktes hin. Seit dem monumentalen »Menschenbeben«, das seit damals ganz Ost- und Südosteuropa erschüttert hat, haben sich viele unserer Pläne und vor allem unser Blickwinkel radikal verändert, erst recht freilich nach dem Golfkrieg und seit dem Bürgerkrieg in Jugoslawien.

Seit Gorbatschow *Perestroika* und *Glasnost* eingeläutet hat, fallen alte Mauern aus Stein, Beton und Vorurteilen, Zäune werden abgebaut, Eiserne Vorhänge rosten, und alte Trennungen werden fast gewaltlos überwunden. Unter der Oberfläche aber brodeln viele noch unausgetragene Konflikte und Feindschaften. Völker und Religionsgemeinschaften, die seit 40, manche seit 50, andere sogar seit 70 Jahren unterdrückt wurden, haben noch nie die scharfe Würze der Freiheit gekostet und müssen erst mühsam den Umgang mit ihr erlernen. Sie alle bedürfen jetzt einer freien und freiwillig akzeptierten demokratischen Gesetzgebung. Die biblische Erfahrung des *Exodus* aus Ägypten gilt für sie alle. Der Aufstand gegen den Unterdrücker ist nur der *erste* Schritt. Der Einzug in die echte Freiheit aber bedarf einer vorherigen Zwischenstation: des Sinai-Berges der Akzeptanz einer Ethik der Mitmenschlichkeit. Eine alte talmudische Einsicht besagt: Es ist leichter, ein Volk aus der Sklaverei zu befreien als die Sklavenmentalität aus seinem Herzen zu tilgen.

Ich möchte zunächst definieren, was *Religion* eigentlich darstellt. Das Wort *religio* kommt vom lateinischen *religatio*, also einer *Rückbindung* an etwas, woran man sich halten kann. Wir alle versuchen zwar unser Bestes, um auf eigenen Beinen zu stehen und uns wacker zu schlagen, aber Gott weiß, wie oft und wie sehr wir der gläubigen Rückbindung bedürfen, um das Menschsein mit Anstand durchzuhalten.

Eines jedoch ist nach wie vor eine unumstößliche Tatsache: Der Mensch ist und bleibt ein homo religiosus, der ohne Religion oder einen Glaubensersatz nicht auszukommen vermag.

Hier aber sind wir schon bei einer entscheidenden Daseinssubstanz des Menschen angekommen: den gewaltigen Unterschied zwischen *Religion* und *Glauben*. Eine alte jüdische Anekdote mag hier hilfreich sein: Rabinowich ging einst mit seinem Buben Moischele spazieren. Als sie an einer Synagoge vorbeikamen, erklärte der Vater: »Dies ist ein Gotteshaus, mein Sohn!« »Wieso!?« schrie der Junge empört. »Du hast doch gestern gesagt, daß der liebe Gott im Himmel wohnt.« Rabinowich kratzte sich am Bart, ehe er antwortete: »Da hast du recht, Moischele. Er wohnt in der Tat im Himmel. Hier aber wohnt sein Bodenpersonal.« Moischele hat wirklich recht. In allen Konfessionen besteht heutzutage eine Kluft zwischen dem hehren Glauben und den Niederungen der gelebten, mit Politik durchwirkten Religion, wobei ich mich hier auf die drei Monotheismen eingrenzen möchte.

Zutiefst gesehen ist der Glaube das *freiwillige Ertragen* des Unbegreiflichen; der Mut, *Ja zu sagen* zu Gott, aber dennoch mit ihm hadern zu dürfen; und die *feste Hoffnung* auf die Zukunft unserer Welt, die aber unsere stetige Mitarbeit erfordert. Etablierte Religion hingegen hat sich in der Weltgeschichte bisher nur selten mit den Glaubensidealen begnügt, sondern hat *Macht* erstrebt, *Politik* betrieben und ihre jeweiligen Wahrheiten oft mit Feuer und Schwert verbreitet nach dem Motto: *Wer nicht dran glauben will, der muß dran glauben!*

Worum geht es eigentlich im Prinzip im Glaubensstreit? Drei essentielle Grundansätze von Glaubenssystemen und Denktraditionen lassen sich u. a. festhalten:

»Das Wort wurde *Fleisch*« – als christlicher Glaubenssatz;

»Das Wort wurde *Buch*« – als Quintessenz des Islams, d. h. der Koran;

»Das Wort wurde *Welt*« – als Credo des Judentums.

Um die Interpretation dieser drei *Kernaussagen* wurden im Laufe der Jahrtausende Hekatomben von Blut vergossen, Millionen von Menschen in den Tod gehetzt, und Gott wurde von allen Seiten immer wieder zum Eingreifen gegen alle anderen beschworen. Viele Massaker, Aufstände und Kriege wurden und werden deshalb so fanatisch und gnadenlos geführt, weil sie im Grunde religiös motiviert sind. Das gilt für Israel und die Araber, für Muslime und Christen im Libanon, für Schiiten und Sunniten im Iran, in Irak und Saudiarabien, aber auch im innerchristlichen Bereich in Nordirland und Südafrika ebenso wie in der Sowjetunion, und zwar zwischen uniierten Katholiken und orthodoxen Ostkirchen. Desgleichen in Südamerika, wo etliche Priester Regierungsmitglieder sind und in der militanten Befreiungstheologie handfest engagiert sind. Ein kaum bekannter, aber ebenso tragischer, fundamentalistisch geprägter Glaubenskonflikt tobt seit Jahren zwischen Christen und Moslems im Süd-Sudan, ein Gebiet, das zur Sahel-Zone gehört und von schweren Hungersnöten geplagt ist. Auch die vielen bewaffneten Konflikte in Sri-Lanka, Kaschmir, Indien, Pandschab und Pakistan, wo es sich um Hindus, Sikhs und Moslems handelt, haben religiöse Komponenten, die zur Polarisierung beitragen. Spuren derartiger Auseinandersetzungen finden wir alltäglich in den Strömen von Flüchtlingen aus all diesen und anderen Gebieten, die Einlaß in die Bundesrepublik begehren.

So stehen sie da vor uns, die Religionen allesamt. In einer Wechselbeziehung von Glaube und Machtanspruch, von Krieg und Frieden, in einer Spannung, die fruchtbare, aber häufig auch furchtbare Folgen nach sich ziehen kann. Judentum, Christentum und Islam sind alle in eine Vielzahl von Konfessionen mit erheblichen und z. T. einander widersprechenden Unterschieden aufgespalten. Es ist deshalb nicht vertretbar, von *den* Juden, *den* Christen oder *den* Moslems in oberflächlicher Verallgemeinerung zu sprechen. Juden sind bekanntlich von den Ultra-Orthodoxen in Jerusalem bis zur modernen Reform-Bewegung in den USA aufgefächert mit ihrem immer wieder aufflackernden Kampf um vielerlei Kernfragen (z. B. wer ist Jude?).

Die Christen sind nicht weniger uneins: Von Lefebvres Erben über Ratzinger, von Hans Küng über Dorothee Sölle bis zu den evangelikalen Fundamentalisten. Sodann wären auch jüngere Entwicklungen wie die Feministische Theologie zu erwähnen, die vehement zum Kampf gegen ihre patriarchale Männerkirche bläst. Der Islam ist genauso zerrissen: von den schiitischen Nachfolgern von Khomeini in Teheran über den gemäßigten sunnitischen König von Saudi-Arabien bis hin zum ebenfalls sunnitischen, aber keineswegs gemäßigten Diktator Ghadaffi von Lybien. Auch an den Toren der EG, nämlich in der Türkei, haben sich die Uhren ganz unbemerkt zurückgedreht: Von der radikalen Säkularisierung unter Kemal Atatürk ist es inzwischen zu einer zunehmenden Re-Islamisierung gekommen, deren Spuren wir auch bei den Türken hierzulande beobachten können.

Teheran ist nach wie vor ein religiöser Brennpunkt – mit Ausstrahlungskraft bis zum Libanon und Israel einerseits sowie Aserbeidschan und Berg-Karabach andererseits. Wie Gorbatschow seinerzeit sagte, haben die blutigen Wirren im Südosten der Sowjetunion zweifellos fundamentalistisch-religiöse Wurzeln. Ehe sich Judentum, Christentum und Islam (um sie chronologisch nach ihrer Entstehungszeit aufzuzählen) nicht im jeweils *eigenen Lager* mittels Dialog verständigen können, besteht wenig Aussicht auf eine gegenseitige *Entfeindung* der drei Monotheismen. Erst nach deren anfänglichen Erfolgen wird eine Verständigung auch mit *anderen* Weltreligionen vorstellbar. Also: nicht Aus-einander-, sondern Zu-Einandersetzen muß unsere Devise lauten, um im Gespräch zu bleiben. Denn Gesprächslosigkeit führt früher oder später zur Handgreiflichkeit und zu noch Ärgerem. Mehr noch. Je länger man aneinander vorbeischweigt, um so tiefer werden die Gräben. Bei den Religionen ist die Dialoglosigkeit eine Folge von uralten Absolutheitsansprüchen, vom Monopoldenken, von Herrschaftsstrukturen und von gegenseitigen Feindbildern. So manche Religion mißbraucht eine andere als schwarze Hintergrundfolie, um ihr eigenes Licht um so heller aufleuchten zu lassen.

Vor allem müssen wir alle unterscheiden lernen zwischen den *echten*, eingestifteten Unterschieden und den *von Menschen* errichteten Trennmauern des Glaubens. Unser Ziel sollte es sein, die unnötigen Barrieren behutsam abzubauen, um aus dem Geröll eine tragfähige Startbahn zu einem besseren Miteinander zu erstellen.

Nein, es geht weder um Synkretismus noch um die Zensur von Heiligen Schriften! Wohl aber geht es um den Abbau von Vorurteilen und die Korrektur von gravierenden Fehldeutungen in der Bibel und den Heiligen Schriften der anderen Religionen.

Müssen denn Übersetzungsfehler heilig gesprochen werden? Es mag die Frage aufkommen: Was hat das alles mit uns zu tun? Sehr viel, wie ich meine. Haben wir es nicht täglich mit Menschen vieler Religionen zu tun, und werden wir nicht auf Reisen im Ausland mit religiösen Konflikten konfrontiert?

Auf die Frage, ob denn der Frieden auf Erden überhaupt erreichbar sei, antwortet der Talmud mit einer Parabel, die den Kochtopf als Vorbild für alle Friedensstifter empfiehlt. Denn der bescheidene Kochtopf vollbringt ja, ohne viel Federlesens zu machen, ein tägliches »Wunder«, das auch die Politiker und die Kirchenfürsten anregen sollte: Indem sein dünner Boden zwei feindliche Elemente, nämlich Feuer und Wasser, voneinander trennt, bringt er sie dennoch zu einer friedlichen und kreativen Kooperation, aus der eine schmackhafte Speise hervorgeht, die dann allen Parteien mundet. Bis zur Friedensleistung eines solchen theologischen Kochtopfs ist es aber leider noch weit.

Christen sollten sich bis dahin weniger von großen Anhängerzahlen betören lassen und ihren Missionseifer bezähmen, der noch immer zu blutigen Auseinandersetzungen führen kann.

Die Großkirchen leiden an den Wehen des Umbruchs von einer triumphalistisch-hierarchischen Struktur zur breiten Basis einer Volkskirche von mündigen Bürgern, die die Demokratie zu schätzen gelernt haben. So ist es ein schmerzliches Skandalon für gewisse kirchliche Kreise, daß heutzutage ein christlicher Westeuropäer geboren werden, heiraten und sich gegebenenfalls auch scheiden lassen und zu guter Letzt auch bestattet werden kann – ohne kirchliche Behörden dabei in Anspruch nehmen zu müssen. Dies trifft genauso auf die Synagoge zu. Zu den Umbrüchen unseres Jahrhunderts gehört auch die Unabhängigkeit desselben Christen in seiner Bewertung von Wissenschaft, Literatur und Kunst – Bereiche, die früher von kirchlichen Behörden sanktioniert oder tabuisiert wurden. Es genüge der Hinweis auf Galilei, Kopernikus und den katholischen Index verbotener Bücher ... Ebenso bestimmte die europäische Kirche jahrhundertelang die Zugehörigkeit zur Gesellschaft: Wer den kirchlichen Maßstäben nicht entsprach bzw. gerecht wurde, mußte als Außenseiter gelten oder wurde gar als Ketzer verbrannt. Ein Blick auf die *offene Gesellschaft* von heute illustriert die Tiefe des sich vollziehenden Umbruchs. Für weite Kreise bringt er ein Aufatmen der Befreiung mit sich, anderen wiederum erweckt er das Grauen vor einer hemmungslosen Permissivität.

Die Juden hingegen leiden an der Spannung zwischen Trauma und Traum: die noch nicht bewältigte Holocaust-Vergangenheit einerseits und der Traum vom so schwer machbaren Frieden im und um den Staat Israel. In dessen multikultureller Gesellschaft brodeln unter der Oberfläche so viele Konflikte, die erst nach einer Befriedigung des Nahen Ostens zum Ausbruch kommen dürften:

1. die Spannung zwischen Isrealis orientalischer und europäischer Herkunft;
2. die Polarisierung zwischen säkularisierten und gläubigen Juden in Israel;
3. der Kulturkampf zwischen der Orthodoxie und den Reformbewegungen im Judentum;
4. die unterschwellige Kluft zwischen Israel und der weltweiten jüdischen Diaspora.

In der heutigen Identitätskrise des Judentums genügen die Erinnerungen an Auschwitz und die Sorge um Israel nicht mehr, um als einigendes Band zu dienen, das so viele suchen. Was not tut, ist eine Neubesinnung auf die Grundwerte der

Bibel, die schon so oft wie ein Leuchtturm im stürmischen Meer des Lebens zur Orientierung verholfen haben. Hier geht es um das richtige dynamische Gedenken und keine starre Rückschau des Entsetzens um einer besseren Zukunft willen. Tüchtige Seeleute kauern nicht an den Grundmauern des Leuchtturms, sondern lassen sich – ganz im Gegenteil – von seinem Lichtkegel die Fahrt nach vorne erhellen.

Der Islam dagegen leidet noch immer psychologisch unter den Folgen seiner militärischen Niederlagen seit dem 17. Jahrhundert: von der Schlacht um Wien über Napoleon bis zu den siegreichen Engländern und Franzosen in unserem Jahrhundert. Nach der Blütezeit des islamischen Mittelalters ist dieser Niedergang noch nicht verkraftet. In diesem Lichte sollte man einerseits die Bemühungen um eine arabische Renaissance beurteilen, andererseits aber auch die gefährliche Einigelung etlicher muslimischer Regimes auf die Werte der angeblich so guten alten Zeit.

Fundamentalistische Hahnenkämpfe und fanatischer Personenkult werfen ihre Schatten auch auf unbeteiligte Länder und gefährden den Weltfrieden. Als Schulbeispiel diene der Aufstieg des Ajatollah Khomeini im Iran. Der wesentliche Stein des Anstoßes waren die Bestrebungen des Schahs Resa Pahlevi, ein modernes Persien aufzubauen, sozusagen in nahtloser Kontinuität zum alten vorislamischen Perserreich. Pahlevi hatte in diesem Sinne bereits seine neue Hauptstadt *Persepolis* errichten lassen. Da er zugleich den Islam auf Sparflamme hielt, kann man sich die Wut der Ayatollahs bei der Gründung ihrer »islamischen Republik Iran« leicht vergegenwärtigen. Bei der darauf folgenden Abrechnung mit dem »Ketzer« Pahlevi wurden die USA zum Sündenbock und Komplizen des Schahs hochstilisiert und dementsprechend behandelt. Die Frage stellt sich: Warum hat die Sowjetunion mitsamt ihren Afghanistan-Eskapaden niemals die Wut der Ayatollahs zu spüren bekommen, wie es den Amerikanern widerfuhr? Eine der Antworten liegt in der eingeschworenen Ablehnung des Islams gegenüber dem Atheismus und jedweder Form von Kommunismus. Dies gilt unerschütterlich, obwohl es sozialistische Baath-Parteien in mehreren arabischen Ländern gibt, die allerdings ihre eigene arabische Prägung aufweisen. Die USA hingegen mit ihrem Monotheismus und der auf persönlichem Erfolg orientierten Gesellschaft sind für die Ayatollahs stets als eine Gefahr von großer Konkurrenz empfunden und verstanden worden. Darum nahm die Geschichte der Beziehungen zwischen dem Iran und den USA den Lauf, wie wir ihn alle kennen.

Im Gedenken an die ruhmreiche Vergangenheit und die einstige Hochkultur des Mittelalters besteht im arabischen Volksempfinden eine nostalagische Sehnsucht nach einem Wiederaufleben der Ummah – der panarabischen Nation in all ihrer Gloria. Daher fiebert man einem neuen Saladin entgegen, von dem drei hauptsächliche Leistungen erwartet werden:

1. alle Fremden vom arabischen Boden, aber insbesondere von den Heiligen Stätten des Islams zu vertreiben;
2. innerarabische soziale Gerechtigkeit durchzusetzen, indem er die Kluft zwischen dem märchenhaften Reichtum der Ölscheichs und der himmelschreienden Armut des Massenproletariats zu schließen vermag;
3. die erheblichen Risse in der Ummah zu überbrücken, die zwischen Monarchien und Republiken, Erzkonservativen und Sozialisten, Schiiten und Sunniten sowie vielerlei Sekten klaffen.

Das ist der sozio-kulturelle, religiöse und politische Hintergrund von Saddam Husseins Erfolgen bei den arabischen Massen, die auch vor dem Märtyrertod nicht zurückschrecken, der ihnen ja ein wonnenreiches Weiterleben im Jenseits verheißt. Daher befürchte ich, daß uns im Nahen Osten noch weitere Möchte-gern-Saladine ins Haus stehen. Die religiöse Zerklüftung im Islam war seinerzeit ja konkret zu beobachten angesichts der mannigfaltigen Fatwas, Gutachten und Aufrufe hoher und höchster muslimischer Autoritäten zur Frage von Krieg und Frieden in der Golfkrise. Sie kamen von seiten der Al-Azhar-Universität in Kairo, den Ayatollahs in Teheran, natürlich auch im Irak, bis hin zu schiitischen und sunnitischen Lehrmeistern in Saudi-Arabien.

Völlig unbekannt ist allerdings die Tatsache, daß nur ein regierender Kalif oder der Gesamtkonsens aller koranischen Schriftgelehrten befugt wären, einen Dschihad auszurufen, eine Voraussetzung, die allerdings zu unserer Zeit nur auf arabischem Wunschdenken beruht.

Nun sollten wir aber den Balken aus dem eigenen Auge entfernen, bevor wir den sprichwörtlichen Splitter im Auge der anderen zerreden. Denn Christen haben ebenfalls ein Erstarken des Fundamentalismus in ihren Reihen zu beklagen. In einer Welt des demokratischen Pluralismus wächst in gewissen Kreisen die Verunsicherung und daher auch die Sehnsucht nach einer von oben abgesicherten Geborgenheit und Sinnhaftigkeit. Für diese Kreise ist der Maßstab für übermorgen die Wertskala von vorgestern, und jeder Fortschritt gilt ihnen als ein Schritt fort vom Willen Gottes.

In religiösen Sekten wirkt sich der radikale Fundamentalismus oft in bizarrer Lebensführung aus. So beobachten wir zum Beispiel ihre Weigerung, Leben und Güter zu versichern, um dem Schicksal unbehindert seinen Lauf zu lassen. Diverse Gruppen lehnen aus demselben Grund Impfungen, Organverpflanzungen, ja, sogar Bluttransfusionen ab. Das erklärt auch den erstaunlichen Erfolg so mancher Spiritisten und Esoteriker hierzulande, die vielen leichtgläubigen Zeitgenossen ihre Patentrezepte für ein verführerisches Sofortheil aufzuschwatzen wissen. Was zum Beispiel viele evangelikale Fundamentalisten mit großer Inbrunst erbeten, ist eine baldige Endschlacht der Großmächte, die in der schmalen Schlucht von Harmaggedon in Israel dereinst stattfinden soll. Millionen von Menschen würden dort ihr Leben lassen müssen, aber genau 144000 evangelikale Gerechte werden mit Sicherheit entrückt werden. Auch so kann man offensichtlich mit dem Brustton der unanfechtbaren Überzeugung die Friedensbotschaft des Neuen Testaments auslegen und verkündigen.

Auch ein Neuaufleben des Glaubens an den Teufel mitsamt Satanskulten und Seancen der schwarzen Magie machen sich in etlichen Städten Europas bemerkbar. Interessanterweise verbreitet sich zur gleichen Zeit auf der anderen Seite des fundamentalistischen Spektrums ein intensiver Engelsglaube, der sich in sektiererischen Konventikeln manifestiert. Auch der Vatikan sah sich unlängst genötigt, sich mit beiden Phänomenen im katholischen Bereich zu befassen. Es mag eine Vielfalt von Gründen für diese pseudoreligiösen Auswüchse geben. Trägt der Wohlstand die Schuld daran? Oder vielleicht die Armut? Eventuell die Ignoranz? Oder gar die Vereinsamung vieler Menschen in unserer Massengesellschaft? Meiner Meinung nach handelt es sich um ein Junktim all dieser Motive und noch anderer mehr.

Ganz allgemein herrschte in Westeuropa seit der schweren Krise des Weltkommunismus, der Annäherung zwischen Moskau und Washington und der Beendigung des Kalten Kriegs zwischen Ost und West eine vielstimmige Euphorie, als wäre das Friedensreich auf Erden bereits im Anbruch. Der Golfkrieg und Jugoslawien trugen zu einer drastischen Ernüchterung bei. Doch für die Kenner zeichnete sich diese Krise schon seit langem ab. Viele von uns vergessen die 167 Kriege, die seit 1945 in vier Erdteilen über 80 Millionen Menschen das Leben gekostet haben. Die Polarisierung im Nord-Süd-Gefälle nimmt bedrohliche Ausmaße an, die im Handumdrehen zu weiteren Konflikten und Stellvertreterkriegen führen könnten. Millionen von Flüchtlingen vieler Religionsgemeinschaften werden auch Europa in ferne Konflikte mit einbeziehen. Stellt sich hier nicht eine dringende Herausforderung an alle Religionen, einen Beitrag zur Befriedung, zur Konfliktenschärfung und zur grenzüberschreitenden Mitmenschlichkeit zu leisten? Dies gilt auch für die bisher atheistische Sowjetunion. Schließlich ist ja auch der Marxismus eine Ersatzreligion mit eigenen Wallfahrten, Kultstätten, Reliquien, einer Dogmatik und seinen eigenen Erlösungsverheißungen!

Ganz abgesehen von den blutigen Wirren im Baltikum, in Armenien, in Georgien und Moldawien sollten wir das Donnergrollen im südöstlichen Bereich derselben UdSSR, wo 55 Millionen Muslime beheimatet sind, keineswegs unterschätzen. Im Gegensatz zu den Christen hat das religiöse Gefüge des Islam auch unter dem Kommunismus weniger von seinem Stellenwert eingebüßt, vor allem wegen der religiösen Einflüsse aus den benachbarten islamischen Ländern, aber auch dank seines starken inneren Zusammenhalts. Bei aller Achtung für den Mut Gorbatschows besteht Grund zur Sorge um seine Zukunft, insbesondere nach dem gescheiterten Putsch im August 1991 und seinen noch unbewältigten Folgen. Im sowjetischen Vielvölkerstaat von 132 Nationalitäten und über 140 Sprachen kriselt es an allen Ecken und Enden, ganz abgesehen von der fatalen Wirtschaftslage. Im September 1990 wurde in Moskau endlich das neue »Gesetz über die Gewissensfreiheit« aller Religionen verabschiedet. Mit Spannung darf man auf seine praktische Anwendung im ganzen sowjetischen Riesenreich warten.

Mit viel Aplomb hat Gorbatschow unlängst den Papst besucht und als Gastgeschenk die Wiederzulassung der ukrainischen katholisch-unierten Kirche angekündigt. Mit Staunen müssen wir nun feststellen, daß die russisch-orthodoxe Kirche, in die Stalin seinerzeit diese katholische Gemeinschaft zwangseinverleibt hatte, nur sehr zögernd, wenn überhaupt, diese Freilassung zu vollziehen bereit ist. – Die Begegnung in Rom der beiden »Religionsfürsten« – und das sind ja wohl Papst und Kremlherrscher, im Grunde genommen – entbehrt nicht einer gewissen Komik: Die beiden haben sich nämlich gegenseitig *ent-teufelt*! Von nun an muß ein Marxist nicht mehr kirchlich exkommuniziert werden. Zugleich ist in der UdSSR das Christentum nicht mehr als »Opium für das Volk« zu verdammen.

Besorgniserregend sind vor diesem Hintergrund die Hydraköpfe des alt-neuen Fundamentalismus, der sich in vielen der sich befreienden Ostblockländern rührt: der Konflikt zwischen Christen und Moslems im bulgarisch-türkischen Grenzgebiet, das Wiedererwachen der reaktionären »Nationaldemokratischen Partei« in Polen, die sich um Kardinal Glemp schart, und vor allem das Erstarken der Pamjat-Bewegung in Rußland, eine nicht zu übersehende faschistoide Anti-Reform-Gruppierung, die vor allem auf religiöser Grundlage vor dem angeblichen »Ausverkauf Rußlands an den Westen« warnt und dagegen stark demonstriert.

Gemeinsam ist übrigens all diesen verschiedenen Fundamentalisten das einigende Band des Antisemitismus. Von hier ist es nur ein gedanklicher Sprung zur Lage in und um Israel. Die Intifada in den besetzten Gebieten ist ganz fundamentalistisch geprägt: Der Märtyrertod ist auch hier ein erstrebenswertes, nobles Ziel. Der Erfolg gewisser fundamentalistischer Kreise in Israel mag auch die Folge einer Krise in der zionistischen Bewegung sein, aber auch der Auswirkungen der Säkularisation und der Ängste vor der überbordenden Fundamentalisierung der islamischen Umwelt. Auf der West-Bank prallen also zwei Fundamentalismen aufeinander: ein jüdischer, der dem Messias durch intensive Landbesiedelung in seinem zögernden Kommen nachhelfen möchte, und ein moslemischer, für den Märtyrertum und Dschihad geheiligte Ziele sind. Hoffentlich behalten die gemäßigt religiösen Kreise, die es in beiden Lagern gibt, und damit auch der baldige Frieden zu guter Letzt die Oberhand. Hüten wir uns aber vor einer »Automatik«, die alle Konflikte im Nahen Osten pauschal fundamentalistischen Eiferern zuschreibt! Vor lauter religiösen Bäumen sehen wir oft den politischen Wald nicht mehr! In Israel z. B. geht es primär um zwei Gerechtigkeiten, die aufeinanderprallen: Wären die Parteien Griechen und Türken oder Inder und Pakistanis – der Konflikt wäre nicht weniger radikal.

Ähnlich der angefeuerten Vermehrung der Menschen im heutigen Islam ist auch die Lage in den Entwicklungsländern der Dritten Welt, die aus allen demographischen Nähten platzt und zugleich am Hungertuche nagt. Es stellt sich die Frage, ob das Bibelwort »Seid fruchtbar und mehret euch und füllet die Erde!« von Christen nicht falsch verstanden und tendentiös gedeutet wird? Klar jedenfalls ist, daß von »*über*füllet« im Bibeltext nicht die Rede ist. So mancher Wissenschaftler fragt heute: Könnte es nicht sein, daß es sich hier nicht um einen Auftrag zur grenzenlosen Vermehrung zu allen Zeiten allerorts handelt, sondern eher um einen Segen Gottes, der nötig war für eine öde, menschenleere Welt, die einst von Seuchen, Dürren und wilden Tieren heimgesucht wurde? Wäre es nicht höchste Zeit, sich intensiv für bessere Lebensbedingungen für die Menschen der Dritten Welt einzusetzen, anstatt die erdrückende

Überbevölkerung ihrer Gebiete passiv hinzunehmen?! Eine Entwicklung, die nur zu einem Teufelskreis von wachsender Armut, Ignoranz und zuletzt auch zu politischen Auseinandersetzungen im Kampf ums Überleben führen muß. Da es auch um die Ressourcen dieser ganzen Erde geht – vom Regenwald bis zu den Bodenschätzen –, sind diese Entwicklungen unser aller Anliegen!

Sicherlich soll man im Westen fernen Völkern nicht ihre Bevölkerungspolitik vorschreiben, man sollte aber lernen, sich von der alten missionarischen Anfeuerung zur Vermehrung um jeden Preis, noch dazu im Namen der Bibel, zu enthalten. Hier ist nicht die Rede von Abtreibung oder Sterilisation, sondern von Familienplanung. Wenn übrigens die westeuropäischen Völker sich nach 1945 weiter so vermehrt hätten wie zuvor, hätten wir beim heutigen Stand der Medizin, der Befreiung von Epidemien und im anhaltenden Frieden längst eine Bevölkerungsexplosion, die zu neuen Konflikten führen müßte. Hilfe zur Selbsthilfe sollte Europa den Völkern der Dritten und der Vierten Welt leisten, vielleicht im Sinne einer talmudischen Parabel:

Warum, so wird dort gefragt, ist der See von Tiberias so fruchtbar und mit Süßwasser gesegnet, während das nicht weit entfernte Tote Meer bekanntlich salzig ist und keine Lebewesen ernähren kann? Die allegorische Antwort der Rabbinen lautet: Weil der Tiberias-See im Norden Süßwasser vom Jordan aufnimmt, aber alsbald von dieser Fülle wieder im Süden an denselben Fluß abgibt. Das Tote Meer hingegen nimmt das Jordanwasser in sich auf, ohne einen Tropfen davon an die dürre Steppe im Süden weiterzugeben. Daraus wird gefolgert: Wer empfängt und davon weitergibt – wie der Tiberias-See –, der gedeiht und blüht. Wer nur nimmt, ohne weiterzugeben, der wird versalzen und stirbt ab.

Wie aktuell und realistisch diese Parabel ist, ergeht aus dem jüngsten *Bericht des Club of Rome*, in dem sein ehemaliger Präsident, Alexander King, eine weltweite Krise voraussagt, die alles bisherige an Kassandra-Prognosen über die Zukunft der Menschheit in den Schatten stellt. Es geht um die fortschreitende Bevölkerungsexplosion, um eine gefährliche Energieverknappung, um gravierende Umwelt- und Klimaschäden, die zu einer Hungersnot von nie gekannten Ausmaßen führen könnten. Als Folge warnt der Bericht mit dem Titel »The first global revolution« vor einer millionenfachen Flüchtlingsflut Richtung Wohlstands-Europa. In seiner vorigen Studie »Die Grenzen des Wachstums« aus dem Jahre 1972 hat der Club of Rome uns alle wachgerüttelt. Wir sollten wohl auch diese neue Mahnung ernst nehmen.

Hatte Karl Marx vielleicht doch recht, als er behauptete, Religion sei Opium für das Volk? Mitnichten! Ich bin überzeugt, daß Religion etwas ganz anderes ist: nämlich ein Januskopf von lebensspendendem Wasser einerseits und wärmendem Feuer andererseits. *Beide* Seiten aber könnten jederzeit ausarten: in Überschwemmungen und in Flächenbränden, deren sich Fanatiker nur allzu leicht bedienen können, um Krieg und Unheil über viele Menschen zu bringen. Religionsfrieden und Glaubenskriege sind also keine akademischen Spiegelfechtereien, sondern haben unmittelbaren Einfluß auf unsere Zukunft. Diese Ambivalenz der Religion ist um so aufregender, da, wie es mir scheint, der Mensch *schief* gewachsen ist. Seit den Tagen des Neandertalers hat er sich biologisch ganz gut entwickelt und seiner Umwelt angepaßt. Intellektuell ist er zwar ein halber Riese geworden, moralisch aber ein Zwerg geblieben. An genau dieser Disproportion könnte die ganze Menschheit scheitern. Ist der Homo Sapiens also *überhaupt* friedensfähig?

Eine düstere Frage in der Tat. Anders gesagt: Tragen die Religionen zum Weltfrieden bei? Ehrlich und nüchtern gesehen, tun sie es noch nicht alle und manche von ihnen nur sehr halbherzig. Die Bibel und die Visionen der Propheten bieten gewiß die beste Grundlage für eine friedvolle Welt, aber die heutigen Verkünder der meisten Religionen werden ihrem eigenen Schrifttum leider nur selten gerecht. Das aber darf uns nicht entmutigen, denn der Frieden gehört ja zu den höchsten Glaubensgütern aller Religionen, auch wenn seine Verwirklichung noch viel zu wünschen übrig läßt. Gerade deshalb sollte unser Einsatz intensiviert werden. Alle Religionen kranken heutzutage nämlich in ihrer Homiletik an theologischer Arterienverkalkung. Sie nehmen ihre heiligen Schriften nur allzu *wörtlich*, anstatt sie *ernst zu nehmen*. Um auf heutige Nöte einzugehen, gilt es vor allem, alte Weisheit in moderne Sprache einzukleiden, um nicht an den Menschen vorbeizupredigen.

In unserer multikulturellen Gesellschaft vieler Religionen darf der Weg zum Frieden jedoch nicht über den Schmelztiegel der Einebnung führen, sondern über ein buntes Mosaik von bewahrter, vielfältiger Eigenständigkeit. Unser aller Ziel soll daher nicht die Assimilation sein, sondern die ökumenische Integration. Machen wir doch endlich Schluß mit dem beleidigenden Begriff der *Duldung*, die vielleicht heute noch gnädigst gewährt wird, aber über Nacht abgeschafft werden kann. An ihrer Statt müssen auch die Religionen lernen, sich zur vollen, gegenseitigen Akzeptanz durchzuringen. Was die Bundesrepublik anbetrifft: Hier war und ist ja das christliche Establishment seit einer Generation damit einverstanden, daß 14jährige Schüler schlicht und einfach das Unterrichtsfach »Religion« nach eigenem Gutdünken abwählen können. Die nunmehr Erwachsenen sollen sich also ein Urteil bilden und Einfluß nehmen können auf einem Gebiet, das sie eigentlich nie kennengelernt haben! Bei aller Achtung vor Volks- und Durchschnitts-Frömmigkeit: Es genügen wohl Taufe, Firmung, Konfirmation und gegebenenfalls Trauung keineswegs, um einen tieferen Einblick in den großen Schatz an Weltweisheit und Lebenserfahrung zu gewährleisten, den die Bibel – Altes und Neues Testament – noch immer bieten! Über das Missionsland der ehemaligen DDR mit ihren beispielsweise weiterhin gefeierten Massen-Jugendweihen will ich hier gar nicht reden. Um es mit der alten Redensart zu sagen: Wir Juden und Christen sollten Wert darauf legen, immer zuerst vor der eigenen Türe zu kehren, bevor wir mit dem groben Zeigefinger auf die Mäkel der anderen hinweisen. Ich versuche es jedenfalls mit dem Judentum und seinen Fehlentwicklungen so zu handhaben. Denn eines steht fest: Ohne Religionsfrieden wird es keinen stabilen Weltfrieden geben.

Unser Ziel muß daher die Verbreitung der Einsicht sein, daß echter Glaube niemals im Widerspruch zur Freiheit und zum genauso echten, aber anderen Glauben unserer Mitmenschen stehen darf, wo immer sie auch sein mögen. Eine Global-Ethik der Humanität mit und unter Gott sollten wir daher anstreben im Sinne einer Überlebens-Strategie für die ganze Menschheit. Einer großen Koalition der Religionen bedarf es, deren Partner bereit wären, unser aller Probleme anzupacken und Lösungen zu erarbeiten. Die uralten Ängste vor Substanzverlust und Missionisierung sollten der Dringlichkeit des panökumenischen Einsatzes endlich weichen. Erst dann wird jede Religion mit ihrem Zipfel der Wahrheit – und wer von uns besitzt denn mehr als einen Zipfel? – sich in das globale Mosaik der Friedensförderer eingliedern können. Den Sprung ins Weltall haben wir schon bewerkstelligt, sollte uns die Befriedigung unserer Heimat Erde nicht gelingen?

Wie aber soll man all diese hehren Denkanstöße in die Niederungen unseres Alltags umsetzen? Vor allem gilt es, sich *fünfer Tugenden* zu befleißigen, die seit eh und je zur Grundlage der humanen Koexistenz gehören:

1. *Konfliktfähigkeit*, um Kontroversen fair und gewaltlos auszutragen. Konflikte totzuschweigen oder zu verdrängen, verschärft sie nur und erschwert jegliche friedliche Lösung. So ist es also ratsam, den Konflikt unterschiedlicher und scheinbar unversöhnlicher Auffassungen auszuhalten und – ohne Brücken abzubrechen – durchzustehen.
2. *Dialogbereitschaft* auf allen Ebenen der Gesellschaft – von der Familie über den Betrieb bis in die Politik –, auch mit (erbitterten) Gegnern und Konkurrenten, die aber niemals verteufelt werden dürfen. Als Motto für eine solche Denk- und Handlungsstrategie empfiehlt sich die talmudische Einsicht, daß jede Streitfrage drei Seiten hat: deine Seite, meine Seite und die richtige Seite.
3. *Flexible Kompromißbereitschaft*: mit uns selbst zuerst, aber auch mit allen Andersdenkenden, die zwar Opponenten bleiben mögen, aber gerade deshalb emotional entfeindet werden sollten.

4. *Einfühlsamkeit* in den Kopf und das Herz des Kontrahenten sowie die Kenntnisnahme seiner/ihrer Schmerzgrenze, die niemals überschritten werden sollte.
5. *Geduld*, die aus der Einsicht stammt, daß diese Welt weder heil noch heillos ist, wohl aber heilbar, wenn wir bereit sind, auf trügerische Soforterfolge zu verzichten, um gemeinsam mit Hilfe vieler kleiner Schritte ein kreatives Miteinander konkret ins Auge zu fassen.

Dies wären prinzipielle Anregungen zur Entfaltung einer konstruktiven, ja aussichtsreichen, friedvollen Streit-Kultur.

»Der rechte Ring ist nicht erweislich«. Von Religion und Toleranz

Mit einer Einladung zum *Trialog der Religionen* wendet sich der Sultan Saladin an *Nathan den Weisen*, der dem Theaterstück Lessings seinen Namen gegeben hat. Nachdem er seinen jüdischen Gesprächspartner mit Komplimenten überhäuft hat, stellt er ihm schließlich die entscheidende Frage:

»Da du nun
so weise bist, so sage mir doch einmal
was für ein Glaube, was für ein Gesetz,
hat dir am meisten eingeleuchtet?«

Etliche der nun folgenden Ausführungen Saladins klingen wie ein Nachhall des sogenannten »Lavater-Streits«, wie man jene ungestümen, aber vergeblichen Bekehrungsversuche des Züricher Pfarrers Johann Kaspar Lavater nannte, der Lessings Freund, den Religionsphilosophen Moses Mendelsohn, um 1763–1769 partout zur Taufe zu bewegen suchte. Nathan, der in so manchen Zügen an Mendelsohn erinnert, befindet sich in einer heiklen Situation. Sagt er dem Sultan, es sei ganz gleichgültig, welchem Glauben man angehöre, da ja alle Wege hin zu dem einen Gott führen – was der Überzeugung Lessings entsprach –, so riskiert er seine jüdische Identität. In seinem Bühnenmonolog beschreibt er genau diese seine Verlegenheit:

»Denn, wenn kein Jude,
dürft er mich nur fragen:
Warum kein Muselmann?«

Mit Scharfsinn stellt er hierauf sein Dilemma dar:

»So ganz Stockjude sein zu wollen
geht schon nicht.
Und ganz und gar nicht Jude
geht noch minder.«

Mit dem Schmähwort »Stockjude« kritisiert Lessing hier wohl Mendelsohn, so scheint es, der es nicht über sich bringen konnte, eine Reform des Judentums einzuleiten – wie Lessing ihm wiederholt nahezulegen versuchte.

In seiner Thesenreihe »Die Erziehung des Menschengeschlechts«, die 1777, zwei Jahre vor »Nathan dem Weisen« erschien, hatte Lessing eindeutig festgestellt: »Im Judenvolk wurden die Erzieher der Menschheit erzogen. Der weltweite Rahmen seines Denkens ist damit abgesteckt. Das Alte Testament ist das entscheidende Lehrbuch, nicht nur für ein Volk, sondern für alle Völker. Grundeinsichten über Geschichte und Schöpfung, über Herkunft und Ziele des Menschen, ihre Verantwortung für die Gestaltung der Natur und der Geschichte im Sinne Gottes, (...) sie alle sind dort zu entdecken (...)«

Trotz seiner Hochschätzung des Judentums als Vordenker der Menschheit konnte aber der Aufklärer Lessing Mendelsohns Festhalten an der Erwählung Israels nicht billigen. Daher legt er seinem »Nathan« Worte in den Mund, die sein Freund Moses niemals über die Lippen gebracht hätte:

»Der echte Ring war nicht erweislich,
Fast so unerweislich,
als uns itzt – der rechte Glaube (...)«

Worauf er die Bemerkung folgen läßt:

»Der wahre Ring vermutlich ging verloren!«

Lessing folgt also dem Weg des Pluralismus, der bereit war, einen eindeutigen Monotheismus ggf. auch als »falschen Ring« gutzuheißen, wenn er die ethischen Ziele der Mitmenschlichkeit zu fördern gewillt war. Ein Weg, der sich bis heute nicht bewährt hat.

Wahrscheinlich steht der »Nathan« weniger mit Lessings Judendrama über »Die Juden« im Zusammenhang als mit den schweren theologischen Auseinandersetzungen, die ihn als Freidenker während seiner letzten Lebensjahre beschäftigt haben. In einem Brief an seinen Bruder Karl vom August 1778 teilt er ihm mit, daß er schon vor Jahren ein Schauspiel entworfen habe, »dessen Inhalt eine Art von Analogie mit meinen gegenwärtigen Schwierigkeiten hat (...) wenn Du oder Moses (Mendelsohn) den Inhalt wissen wollt, so schlagt das »Decamerone« des Boccaccio auf: die dritte Novelle am ersten Tag, die die Geschichte vom Juden Melchizedek erzählt.« In der italienischen Novelle geht es bekanntlich um die Parabel von den drei Ringen, die ein reicher Mann für seine drei Söhne anfertigen ließ, um keinen von ihnen zu bevorzugen oder zu benachteiligen. Mit den Worten Boccaccios:

»Da sich nun ergab, daß die Ringe einander so ähnlich waren, daß niemand erkennen konnte, welcher der echte sei, blieb die Frage, welcher von ihnen des Vaters echter Erbe sei, unentschieden – und bleibt es noch bis heute (...) So auch von den drei Gesetzen, die Gott den drei Völkern gegeben hat. Jedes der drei Völker glaubt, seine Erbschaft, sein wahres Gesetz und seine Gebote zu haben, damit es sie befolge. Wer es aber wirklich hat, darüber ist, wie über die Ringe, die Frage noch immer unentschieden.«

Während Boccaccio nichts von der Wirkung des echten Ringes zu erzählen weiß, heißt es bei Lessing:

»Der Stein war ein Opal,
der hundert schöne Farben spielte,
und hatte die geheime Kraft,
vor Gott und Menschen angenehm zu machen,
wer in dieser Zuversicht ihn trug.«

Der Opal galt im Altertum als glückbringender Edelstein. Was er hier bewirkt, erinnert an die biblische Verheißung für den Frommen (Sprüche Salomos 3,4): »Und du wirst Gunst und Wohlgefallen finden in den Augen Gottes und den Menschen.« Dieser Bibelvers fand Eingang in etlichen Stellen der Synagogenliteratur: als Fürbitte, als Hoffnung oder als Ausdruck humaner Religiosität, so wie auch als Teil des täglichen Tischsegens. Lessing, der häufig bei Mendelsohn zu Gast war, hörte wohl diesen Gedanken im Gebet der Familie. Man kann also mit großer Wahrscheinlichkeit annehmen, daß er hier von seinem jüdischen Freund beeinflußt wurde. Jedenfalls hat nach *Nathan* die wahre Religion die Kraft, »vor Gott und Menschen angenehm zu machen« – ein schöner Gedanke, der auch der aufgeklärten Weltanschauung Lessings entsprach.

Doch weder Lessing noch Boccaccio haben in Sachen *Trialog* das Erstlingsrecht. Wer die ideologische Grundlage der Ringparabel auf ihre Quelle hin zurückverfolgen will, findet sie bereits im Koran. In der 5. Surah »Al-Ma'ida«, also »Der Tisch«

benannt, ergeht ein Aufruf, der heutzutage nicht weniger ökumenisch und aktuell ist, als er es zu Mohammeds Lebzeiten war: »Einem jeden von euch – Juden, Christen und Muslime – haben wir eine klare Satzung und einen deutlichen Weg vorgeschrieben. Hätte Gott es gewollt, er hätte euch alle zu einer einzigen Gemeinde gemacht. Doch er wünscht, euch auf die Probe zu stellen durch das, was er euch gegeben hat: die Tora, das Evangelium und den Koran. Wetteifert also miteinander in guten Werken! Zu Gott ist euer aller Heimkehr; dann wird er euch aufklären über all das, worüber ihr uneins gewesen seid.« (Sura 5:48ff.) Diese Koran-Passage ließ der Kalif Abd-el-Rahman III. im X. Jahrhundert in goldenen Lettern auf grüne Seide sticken und im Thronsaal seines Palastes in Cordoba auf die Vorderwand hängen. Sie blieb zeitlebens der Grundsatz seiner aufgeschlossenen Toleranz-Politik. Insofern ist es kein Wunder, daß die spanische Regierung 1961, ein Jahrtausend nach dem Tode Abd-el-Rahmans, eine Prunksäule errichten ließ »zu Ehren des größten Kalifen der iberischen Halbinsel«, wie es auf dem Kapitell auf arabisch und spanisch gemeißelt steht. Unweit von der Kalifensäule erhebt sich das Maimonides-Denkmal, in Erinnung an jene Koryphäe der jüdischen Philosophie und Wissenschaften, der bis 1148 in Cordoba gelebt und gewirkt hat. Zu Ehren dieses »Rabbi Moyses«, wie ihn christliche Scholastiker wie Albertus Magnus und Thomas von Aquin nannten, wurde anno 1935 am 800 Jahrestag seiner Geburt eine »Plazuella Maimonides« neben dem Stadtmuseum eingeweiht. So sind also sowohl Juden als auch Muslime in Cordoba verewigt, obwohl die Stadt heute ausschließlich Katholiken beheimatet.

Zurück zur Ringparabel Lessings: Wie bekannt ist, gehen die drei zerstrittenen Ringbesitzer im »Nathan dem Weisen« zum Richter, der sie an die Wunderkraft des echten Ringes erinnert, Liebe für seinen Besitzer vor Gott und bei den Mitmenschen zu erwecken.

»Das muß entscheiden«, so spricht der Kadi,
»denn die falschen Ringe werden
das nicht können,

nun wen lieben zwei
von euch am meisten?
Macht, sagt an! – Ihr schweigt?
Die Ringe wirken also nur zurück?
und nicht nach außen?
Jeder liebt sich selber nur am meisten?
Oh, so seid ihr alle drei
betrogene Betrüger!«

Sollten wir – Juden, Christen und Moslems – uns gerade heute die Ringparabel nicht zu Herzen nehmen? Gedenken wir des Vaters, wie die Parabel ihn uns vorstellt: Er besaß einen wunderschönen Ring, den er nie vom Finger ließ und den er von seinen Ahnen ererbt hatte. Dieser Vater hatte drei Söhne, die ihm gleich lieb und teuer waren. Als sich seine irdischen Tage neigten, plagte ihn das Dilemma, wem er wohl den kostbaren Ring vererben würde. Er rief nach langem Überlegen einen Künstler und erteilte ihm den Auftrag, zwei Ringe anzufertigen, die von dem Seinigen nicht zu unterscheiden sein dürften. Das Meisterwerk gelang: Nicht einmal der Vater selbst konnte mehr zwischen den zwei angefertigten und dem echten Ring unterscheiden. Jeder Sohn erhielt nun einen der drei Ringe, die ganz identisch schienen. Diese Gleichheit kann eine Herausforderung sein. Einmal zum *Glaubenskrieg* nämlich: Wessen ist der beste Ring? So verlief leider bis heute die Geschichte der Religionen. Die Gleichheit könnte und sollte aber auch eine *Ermutigung* sein zur *gemeinsamen* Anstrengung zur Verbesserung dieser Welt, denn Söhne des Vaters sind die Ringträger der Parabel jedenfalls allemal! Und seine Wahrheit – nämlich den echten Ring – wird ER zu seiner Zeit offenbaren!

Es gibt aber noch eine andere Lösung der Ringparabel, die uns ebenfalls Nathan andeutet:

Der Vater ließ *drei* Ringe, unverwechselbar in ihrer Schönheit mit dem seinigen, anfertigen und starb – mit seinem Ring an der Hand. Der Ring verschwand im Grabe. Die drei Söhne hatten also identische, schöne Ringe in Besitz, aber eben doch nicht den einzigen, echten wahren. Wäre diese Botschaft in unserer zerrissenen Welt nicht Anlaß zu mehr Kooperation – wohl wissend, daß wir alle unterwegs sind zu unserem Vater im Himmel, der die einzige Wahrheit und den echten Schlüssel besitzt? Tinte sollten wir vergießen in der Debatte um die Pracht und Schönheit unserer Ringe, aber keinen Tropfen Blut! Und keine Tränen mehr verursachen! Tinte und Druckerschwärze für Gedichte und Verkündigung sollten wir herstellen, aber keine Schwerter und Mordinstrumente mehr! So hat es schon der Prophet Jesaja als Visionär der messianischen Zeit vorausgesagt:

»Kein Volk wird gegen das andere Volk mehr das
Schwert erheben, noch werden sie das Kriegshandwerk
lernen fürderdar.
Sie werden ihre Spieße zu Winzermessern umschmieden
und ihre Lanzen zu Pflugscharen.«

Um diese uralte, »konkrete Utopie« zu verwirklichen, gibt es gar viele Wege und Möglichkeiten, sowohl für die Einzelperson wie für das Staatswesen. Nach den Erfahrungen unseres Jahrhunderts darf keiner mehr sagen: Ich bin zu klein, was kann ich schon tun?!

Bei unserem Freund Lessing spielt die *Toleranz* eine große, vielverheißende Rolle und war zu seiner Zeit in der Tat ein Fortschritt. Toleranz stammt sprachlich vom lateinischen *tolerare*, was *ertragen* oder *dulden*, aber auch *leiden* bedeutet.

So ist also die lexikalische Definition der Toleranz die Duldung, die der Stärkere gegenüber dem Schwächeren übt. Deshalb ist Toleranz heute nicht mehr die ideale, erstrebenswerte Lebensform des Miteinanders. Es darf nicht mehr um das huldreiche Hinnehmen der Eigenart von Fremden oder Andersartigen gehen oder um die gnädige Duldung von farbigen exotischen Gebräuchen. Wie die historische Erfahrung uns lehrt, ist solche Toleranz eine Schönwetter-Konzession, auf deren Sturmfestigkeit kein Verlaß ist. Echte Toleranz sollte daher bestrebt sein, sich selbst schleunigst abzuschaffen, um zur wahren Akzeptanz und zur vollen Integration aller anderen zu führen.

Daher sollte unsere Losung heute lauten: Schluß mit der Toleranz und freie Bahn für volle gegenseitige Akzeptanz! Ein Blick auf die Weltenuhr wird uns mahnen: Es ist höchste Zeit für eine Global-Ethik der Mitmenschlichkeit unter Gott auf dieser geschundenen Erde. Wir sind alle betroffen: die wohlbetuchten Wohlstandsländer, die Schwellenländer der Armut und die Flüchtlingsströme überall. Schließlich sitzen wir allesamt im selben Boot namens Erde und sind denselben Gefahren und rauhen Winden ausgesetzt, die von allen Seiten auf uns peitschen. Wir sollten näher zusammenrücken und die Probleme gemeinsam anpacken, auch wenn wir noch immer unsere Lob- und Freiheitslieder gegeneinander singen!

Was gehen uns die Fremden an?

»Unstet und flüchtig sollen die Juden über die Erde wandern«, so heißt es in einem Schreiben von Papst Innozenz III im Jahre 1207. Die Diaspora der Juden, so wurde in Rom amtlich erklärt, sei eine kollektive Strafe Gottes, die über alle Juden verhängt wurde, nicht nur über die Zeitgenossen des Nazareners, sondern auch über alle späteren Generationen einschließlich der noch Ungeborenen bis an das Ende der Zeiten. Womit der Mythos des ewig zum Wandern verurteilten Juden päpstliche Ratifikation erhalten hatte. Angesichts einer solchen Vendetta sollte sich die Frage erheben: Womit wurde die Kirche eigentlich nicht fertig? Zutiefst gesehen war und ist es ihr *wunder Punkt*, daß ihr Heiland zeitlebens einer anderen Religion angehört hat: dem Judentum. Ebenso waren die Apostel und die Gründer des Urchristentums gläubige Juden. Wieviel Unheil ist doch wegen der kirchlichen, selbstgerechten, grundlosen Verdammung eines ganzen Volkes über Millionen von Menschen gebracht worden! Ist es nicht hoch an der Zeit, die Umstände des Auseinandergehens der Wege und der Entfremdung von Juden und Christen neu zu ergründen? Angesichts der allgemeinen Glaubensnot unserer Tage wäre es doch sinnvoll, die gemeinsamen Wurzeln, Werte und Ziele zu betonen – ohne Grenzüberschreitung und Synkretismus.

In einem ganz anderen Sinn, als Papst Innozenz III. es meinte, hat jedoch das Judentum schon lange vor dem Papsttum sowohl die Licht- als auch die Schattenseiten der Fremdlingschaft am eigenen Leibe erfahren. Es hat seit seinen Anfängen ein bipolares Selbstverständnis entwickelt. Zwischen zwei Polen fluktuiert seine Tradition: dem Land Israel und der immer breiter werdenden Diaspora. Nicht kreisförmig also, sondern einer Elipse gleich, mit zwei Brennpunkten, die einander bald zu ergänzen und zu befruchten lernten. So verwundert es nicht, daß viele der geistigen Schlüsselerlebnisse des Judentums »in der Fremde« stattgefunden haben: Die *fünf Bücher Moses*, die Tora mit dem Gottesbund, wurden am Berg Sinai im Niemandsland der Einöde, fern vom verheißenen Land, verliehen.

Der *Babylonische Talmud*, das große Sammelwerk rabbinischer Schriftauslegung, wurde im Zweistromland verfaßt und niedergeschrieben. *Die Synagoge* als Bethaus und als Stätte des Studiums entstand ebenso im babylonischen Exil vor 26 Jahrhunderten. Mit ihr vollzieht sich eine bedeutsame Entwicklung in der Geschichte des Monotheismus: der Übergang vom Tieropferdienst zur Welt der Gebete. Die *Mystik* der jüdischen *Kabbala* kam zu ihrer Blütezeit in Spanien und in Südfrankreich. Der Chassidismus, die Volksbewegung der Herzensfrömmigkeit, und andererseits die Haskala der modernen Aufklärung, entstanden im 18. und 19. Jahrhundert in Rußland und Polen. Also: all diese und viele andere Früchte gehören zur geistigen Ernte eines Volkes auf der Wanderschaft. Die jüdische Einstellung zur Diaspora als der »Zerstreuung unter Fremden« folgt demnach dem Ratschlag des Propheten Jeremia in seinem Sendbrief an die Verbannten in Babylon: »Suchet der Stadt Bestes (...) und betet für sie zum Herrn; denn wenn es ihr wohlergeht, so geht es auch euch wohl!« (Jer 29,7).

All diese Früchte der Fremdlingschaft konnten eingefahren werden, weil es zu jeder Zeit eben auch den zweiten Brennpunkt der Elipse gab: die vorhandene oder ersehnte Heimat im Lande Israel. All ihren Wirtsvölkern gereichten die jüdischen Minderheiten über die Jahrtausende hinweg zum Segen. Ganz im Sinne der Propheten Israels trugen sie die Botschaft des Ein-Gott-Glaubens in alle Welt. Sie verkündeten die zehn Gebote, die Nächstenliebe, die Zuversicht des Messianismus und den Auftrag zur Fremdenliebe und zur tatkräftigen Verbesserung unserer Welt.

Auch manche andere Völker und Gruppierungen vollbrachten ihre geistigen Glanzleistungen gerade in der Fremde und im Exil. Diese Existenz jedoch litt zu allen Zeiten unter dem Stigma des *Fremdseins*. Was aber motivierte Menschen vom Morgengrauen der Zivilisation an zur Ablehnung der Fremden? Die Urangst der Nomadenstämme am Wüstenrand war es, die uns schon die ersten Bücher der Bibel so beredt schildern. Die Angst um den Brunnen, die Zisterne und das knappe Weideland, ja, um das nackte Überleben, weil man in jedem Fremden den Eindringling, den Ruhestörer wittert, vor dem es sich zu schützen gilt. Das Fremde, das Unbekannte waren etwas Un-heimliches, das immer wieder irrationale Furcht erregt hat.

Es ist kein Zufall, daß sich vom griechischen Wort für »Fremder«, *Xenos*, nur das Fremdwort *Xenophobie* in unserer Umgangssprache erhalten hat, also: die Angst vor allem Fremdartigen, die aber im Handumdrehen in Fremdenhaß umzuschlagen pflegt. Denn vor wem wir Angst haben, den malen wir uns im Hinterkopf als Ungeheuer aus, der all jene abscheulichen Untugenden und Laster aufweist, die überwiegend unsere eigenen sind.

Indem wir sie auf den Fremden projizieren, dürfen wir ihn nun mit Fug und Recht verachten. So gilt dann der Fremde als schmutzig und verwahrlost, er ist feig und hinterhältig, faul und unzuverlässig. Er lügt und betrügt, wo immer er nur kann. Also ein Ausbund an Niedertracht, der nichts bei uns zu suchen hat und so rasch wie möglich abgeschoben werden sollte.

Diese Projektion des Fremdenhasses ist eine klassische Form der Flucht aus der komplexen Realität des Lebens in die kindische Märchenwelt aller Schwarz-Weiß-Maler. Jene »terrible simplificateurs«, die nur Schurken und Helden, nur Engel und Teufel, nur Fremde und Einheimische kennen wollen, weil ihre infantile Phantasie nicht einmal bis Grau als Mittelfarbe ausreicht.

Und so kommt es vom Unwissen zum Mißtrauen, vom Mißtrauen zur Angst und zum Haß, hierauf zur Handgreiflichkeit, und dann fließt Blut. Aus der Animosität entwickeln sich bald zwei sinnverwandte Regungen: die enge Sippentreue nach innen und ein Überlegenheitsgefühl, das am Anderssein der Außenseiter das eigene »elitäre Selbstbewußtsein« hochzuschaukeln vermag. Daß solch eine arrogante Absonderung, die auf der Entwürdigung oder Herabsetzung der sogenannten Fremden beruht, eine seelische Verrohung mit sich bringt, auf der sowohl der Egozentrismus als auch der hemmungslose Chauvinismus gedeihen, hat unser Jahrhundert wohl zur Neige ausgekostet. Wie schön wäre es, wenn die Abneigungsgefühle der Mehrheit als Herausforderung an die Fremden wirkten, ihre Gaben und Begabungen erst recht zu entwickeln, um dann doch die Achtung der Einheimischen zu erringen, als Wetzstein zur Entfaltung ihrer eigenen Identität, als Aufruf zur Stärkung ihrer inneren Solidarität und als Anlaß zur tatkräftigen Hoffnung auf eine künftige Gleichberechtigung.

Was ist denn, zutiefst gesehen, der Mensch? Die Frage bleibt noch immer offen. Zeitlebens ringt er um die Versöhnung seiner inneren Konflikte, aber bleibt sich doch ein Rätsel, das er nicht zu lösen vermag. Vor allem aber ist er seinem Wesen nach *ein Fremder*. Er kommt ungewollt aus dem Nirgendwo, stürzt in ein Universum, das vor ihm war und nach ihm sein wird, in eine Welt, die ihn verwirrt und befremdet. Im Grunde sind wir alle Fremde auf dieser Erde, doch an uns liegt es, den Versuch zu machen, (ein)heimisch zu werden.

Einbürgerung in die Menschheit sollte unser vornehmstes Ziel sein, um teilzunehmen am Werdegang dieser Gott-gegebenen Schöpfung. Es gilt von der *Ich-Sucht* umzuschalten auf die *Du-Suche*, so daß wir Mitmenschen unter Ebenbürtigen werden können. Kain und Abel waren keine Feinde, aber einander entfremdet, und das ist häufig schlimmer. Die Folgen kennen wir: Der erste Mensch, der einen Bruder hatte, schlug ihn tot. Und der Brudermord, der für die Bibel jeder Menschenmord ist, hat bis heute noch nicht aufgehört. Von Anbeginn schärft uns die Bibel ein, dem Morden Einhalt zu gebieten. Daher gibt Gott selbst dem reumütigen Kain ein Zeichen, auf daß ihn kein Bluträcher erschlüge. Das sogenannte »Kainszeichen« ist also im Volksmund in sein Gegenteil verdreht worden, handelt es sich doch um ein Schutz-, nicht aber um ein Schuld-Zeichen.

Doch damit endet die Lektion der Schrift noch nicht. Sie will uns ja keine einmalige Begebenheit berichten, sondern das Bild einer zeitlosen Wirklichkeit malen, die sich täglich und allerorts von neuem abspielt. Sie hält uns allen den Spiegel vors Gesicht, um etwas über unser innerstes Wesen auszusagen: Dieser Jedermann ist ein Fremdenhasser und ein potentieller Brudermörder von Anfang an. Kain neidet dem fremdgewordenen Bruder das Wohlwollen Gottes, er mißgönnt ihm seinen Zugang zu Gott. Von daher stammt die innere Fremdlingsschaft des Menschen und die nagende Unruhe, so daß er heimatlos geworden ist. Ein Fremder auf Erden, geplagt vom Heimweh nach einer heilen Welt. So steht er da vor uns: eine lebendige Kontrast-Harmonie auf zwei Beinen, ein gekrümmtes Fragezeichen zwischen oben und unten, ein Geschöpf, das noch immer unterwegs ist zur vollen Menschwerdung. »Zwei Seelen wohnen, ach, in meiner Brust!« so können wir alle mit Faust aufseufzen. Denn das Gute und das Böse sind unzertrennlich in uns verankert und stehen im ständigen Konflikt miteinander. So lange sind wir zum inneren Kampf verurteilt, bis der Kain-in-Uns endlich bereit ist, umzulernen, um Gott die richtige Antwort auf die alte Frage zu geben: Ja, ich bin der Hüter meines Bruders, denn er ist ja kein Fremder, sondern letztlich ein Stück von mir!

Nun stellt sich aber die Frage: Was hat die Wissenschaft zu diesem düsteren Menschenbild zu sagen? Die Verhaltensforschung belehrt uns, daß »der Wolf dem Wolfe kein Mensch ist«. Die Rangordnungskämpfe wehrhafter Wölfe werden gerade nicht durch Tötung, sondern durch eine Demutsgeste des Unterlegenen beendet. Aufs Ganze gesehen, überlebt eine Spezies der Fauna nur dann, wenn in ihr die Tötungshemmung gegenüber ihren Artgenossen zur Geltung kommt. Jahrhunderttausende lang hat die frühe Menschheit in Kleingruppen sich dieser Gesetzmäßigkeit allem Anschein nach angepaßt. Sie konnte gar nicht anders überleben. Erst mit dem Anbruch der Zivilisation veränderte sich dieses Gebaren, das sinnlose Morden begann. Zugleich haben Städtegründungen, Flußtalkulturen und Großreiche eine neue, hohe und labile Kultur geschaffen. In ihren Stabilisierungskrisen leben wir heute noch weiter. Leistung und Überlebenskraft dieser Kultur hängen wesentlich davon ab, ob wir imstande sein werden, den Mitmenschen nicht als Feind oder als Fremden zu behandeln, sondern ihn zum »Nächsten« im Sinne der Bibel werden zu lassen.

»Liebe deinen Nächsten wie dich selbst!« (Lev 19,18), so lautet es so gut wie in allen deutschsprachigen Bibelausgaben seit Martin Luther, wobei jedoch der Begriff »der Nächste« eine Fehlübersetzung des hebräischen Originals ist. »Rea« ist nicht nur der *Nächste*, sondern jeder Mensch, mit dem ich es gerade zu tun habe, der mir jetzt Begegnende, gleichviel, ob er mit mir blutsverwandt oder wildfremd ist. Der biblische Auftrag zielt also vor allem auf ein besseres Zusammenleben der Menschen aller Art und Herkunft. Der beste Prüfstein dieser humaneren Koexistenz ist also der Ausländer, der ganz anders spricht und denkt und glaubt als wir und uns daher zur Akzeptanz herausfordert, »denn wenn ihr nur euren Brüdern den Frieden anbietet, was tut ihr da besonderes? Tun das nicht auch die Heiden?« (Mt 5,47) Wie Jesus und auch die Rabbinen einstimmig betonen.

»Rea« war ursprünglich der Weidgenosse und konnte als solcher auch ein Ägypter sein, der einst der Zwingherr war. Er ist also keineswegs nur »der *Nächste*« als Superlativ einer geistigen, konfessionellen oder ethnischen Nähe, sondern kann auch der *Fernste* sein, was seine persönlichen Eigenschaften anbetrifft, der dir aber jetzt als Menschenbruder gegenübersteht. Wenn er also zu dir kommt und dich physisch an-geht, so geht er dich auch seelisch an. Denn wenn es darauf ankommt, wirklich Mensch zu sein, ist es egal, wer uns auf die Nagelprobe stellt.

Die Mystiker der Kabbala betonen, daß *der andere* ein Teil von dir ist; in jedem Fremden steckst du selber keimhaft drin. *Altruismus* ist daher nichts anderes als *erleuchteter Egoismus*, der genug Phantasie aufbringt, um »aus der Haut zu fahren«, um sich in die Haut des anderen einzufühlen, seine Not mitzuleiden und sie zu lindern – an seinem Dasein partizipieren.

Um alle noch möglichen Zweifel auszuräumen, verdeutlicht die Bibel ihre Botschaft an uns alle: »Wenn ein Fremder bei euch wohnt, dann sollt ihr ihn nicht unterdrücken... Er soll bei euch wohnen wie ein Einheimischer (...) und du sollst ihn lieben wie dich selbst (...) Denn ich bin der Herr, euer Gott.« (Lev 19,33–34) Die rabbinische Auslegung betont das Schlußwort: »*Euer* Gott bin ich« – will sagen: *dein* Gott und zugleich auch *sein* Gott ist er. Die Konsequenz liegt auf der Hand: Im Fremden begegnet dir der Bote Gottes als Prüfstein deiner Mündigkeit, als Herausforderung an dein Menschentum und als lebendige Verkörperung der Menschenwürde, der du in ihm und in dir selbst zur Geltung verhelfen sollst. Richtig verstanden sollte »der Nächste« also »Mitmensch« oder »Gefährte« heißen.

Leider krankt aber das Liebesgebot in der deutschen Fassung an einer weiteren Fehlübersetzung. »Liebe deinen Nächsten wie dich selbst« ist der wohlbekannte Wortlaut in den meisten Bibelausgaben. Doch wer sich selbst nicht liebt, wie kann er dann seinen Mitmenschen lieben? Ist das nicht eine Überforderung? Eine genaue Hinterfragung des Bibeltextes im hebräischen Original ergibt eine andere Möglichkeit der Übertragung, die dem Ursinn und dem Urlaut ebenso gerecht wird:

»Liebe deinen Mitmenschen, denn er ist wie du.« Hiermit wird ausgesagt, daß dein fremder Gefährte, wie boshaft und schlecht er dir auch scheinen mag, genauso schwach und allen Ängsten des Lebens ausgesetzt ist wie du selbst. Dieses Sein-wie-Du sollte also deine Angst vor ihm tilgen. Sobald aber der Angst der Boden entzogen ist, wird auch der Haß, der fast immer einer unterschwelligen Angst entspringt, gegenstandslos. Wenn Angst und Haß nun verschwinden, sollte eine einfühlsame Fremdenliebe in emotionaler Reichweite sein. Historisch gesehen, wäre also der erste Schritt zur Humanität getan, sobald »der Fremde« nicht mehr als Feind betrachtet, sondern als Gast-Freund aufgenommen wird. Wenn der Unbekannte zum Gast, ja, zum Freund aufrücken kann, entdeckt der Mensch die Mitmenschlichkeit, das heißt: seine eigene Menschenwürde. Doch der Weg vom engherzigen, nach innen gerichteten Sippenethos bis zu diesem »Aperturismo« der Aufgeschlossenheit ist noch steinig und dornenbesät.

»Ein echter deutscher Mann mag keinen Franzmann leiden« – so heißt es schon in Goethes »Faust«. Einer der Studenten in Auerbachs Keller gibt diese Volksweisheit zum besten und drückt damit jenes Gefühl dumpfer, feindseliger Ablehnung aus, das häufig zwischen Stämmen und Völkern vorgeherrscht hat. In seinem Buch »Mein Kampf« warf Hitler der gesamten Wiener Presse vor, daß sie viel zu oft der »großen französischen Kulturnation gelobhudelt habe (...) Fast müßte man sich schämen, ein Deutscher zu sein!« fügte er hämisch hinzu. Man sieht, wie empfindlich ein labiles Selbstwertgefühl reagiert, sobald von fremden Leistungen die Rede ist. In beiden Fällen geht es um Fremdenhaß, der seit dem Morgengrauen der Zivilisation mitverantwortlich ist für alle etwa 12462 Kriege, die seit rund 5500 Jahren bis in unsere Tage die gesamte Weltgeschichte in eine endlose Verkettung von Schlachten und Schlächtereien entarten ließ.

Schon im alten Griechenland galten alle Nicht-Griechen als »Barbaroi«, was nichts anderes als eine Verspottung ist. »Barbar« ist nämlich die Lautmalerei eines Menschen, der nicht Griechisch kann und Urlaute von sich gibt. Ein Stammler also, der auf alle Fälle verachtungswürdig ist, wenn nicht sogar die Zielscheibe hämischen Hasses. Die sogenannten »Metöken«, die als Fremdlinge in Athen wohnen durften, mußten eine hohe Kopfsteuer bezahlen, galten aber als rechtlos und durften keine Ämter bekleiden. In Rom wurden die Fremdlinge als »Hostes«, also als *Feinde* klassifiziert, die ohne einen einheimischen »Schutzherrn« die Stadt nicht betreten durften. Im alten Assyrien, im Oberägypten der Pharaonen und in Babylon wurden die Fremden als Sklaven oder als Fronarbeiter eingestuft oder galten als vogelfrei.

So alt und universal ist diese Antipathie allen Ausländern gegenüber, auch in den sog. Hochkulturen des klassischen Altertums. Sollte uns das nicht nachdenklich stimmen in einer immer kleiner werdenden Welt der schrumpfenden Entfernungen? Ist es nicht paradox, daß wir in fernen Ländern begeistert auf fremde Eindrücke und Bräuche reagieren, aber die Bürger jener Länder, wenn sie zu uns kommen, verdrängen und verspotten?

In einem Zeitalter der sich vertiefenden Klüfte zwischen der Ersten, der Zweiten und der Dritten Welt – und erst recht der Vierten Welt mit ihren 41 allerärmsten Ländern – sind wir verpflichtet, für ihr Wohl mitzusorgen. Angesichts der Umweltsorgen und Ressourcenmängel in einer interdependenten Welt ist unser eigenes Wohl von dem ihren nicht mehr zu trennen.

Nur wenn die Wohlstandsländer zur rapiden Entwicklung des Gesundheitsniveaus, des Lebens- und des Bildungsstandards in den Armutsländern beitragen und zwar nach dem Motto »Hilfe zur Selbsthilfe«, werden die Flüchtlingsströme aus diesen Ländern abebben können. Genau so unverzichtbar ist es aber, den Waffenexport in die Dritte Welt unverzüglich zu drosseln.

Unter heutigen Verhältnissen stellt bekanntlich die hohe Geburtenrate in jenen Ländern die einizige Kranken-, Alters- und Lebensversicherung der geplagten Menschen dar. Sicherlich darf man im Westen fernen Völkern nicht ihre Bevölkerungspolitik vorschreiben, es wäre aber höchste Zeit, insbesondere auf katholischer Seite, sich von der alten missionarischen Anfeuerung zur Vermehrung um jeden Preis, noch dazu im Namen der Bibel, zu enthalten.

Hier können wir aber nicht umhin festzustellen, wieviel das heutige Europa den Einflüssen und den Leistungen von Flüchtlingen seit der Völkerwanderung im 5. Jahrhundert über die Zeiten des 30jährigen Krieges bis zu den heutigen Gastarbeitern allerorts zu verdanken hat. Ja, mehr noch: Die heutige europäische Architektur, Musik, Literatur und Wirtschaft wären ohne diese Beiträge undenkbar. Aus dem bunten Völkergemisch von Slaven, Kelten, Romanen, Hunnen, Tartaren und Legionären aus aller Herren Länder, die sich seit Römerzeiten auf mitteleuropäischem Boden tummelten, konnten sich *kein Ariertum* und *keine nordische Rasse* herauskristallisieren. Dies liegt für alle Völkerkundler auf der Hand, mit Ausnahme der Rassenideologen des Dritten Reiches. Historischen Flüchtlingswanderungen ist auch die große Blüte von überseeischen Ländern wie USA, Kanada, Australien, Neuseeland und anderen zu verdanken. Wo bliebe der Aufbau Israels ohne die Integration von Flüchtlingen aus 70 Ländern? Was hält so viele Menschen ganz verschiedener Herkunft in ihrer neuen Heimat eigentlich zusammen? Es ist vor allem die Anziehungskraft des

Zufluchtslandes, aber auch die Wucht der Verfolgungen in der alten Heimat.

Aufs Ganze gesehen, beobachten wir zwei Paradigmen der Integration:

1. der *Schmelztiegel* – wie beispielsweise in Israel. Hier wird eine neue, gemeinsame Identität angesichts großer Gefahren und gewaltiger Anstrengungen wie in einem pressure-cooker erlebt und verwirklicht. Die Bande zum alten Land der Herkunft schrumpfen zusehends, was aber gelegentlich in der Hektik der Anpassung auch zu Identitätskrisen führen kann.

2. das *Mosaik* der Integration – wie beispielsweise in den USA. Hier integrieren sich ganze »Landsmannschaften« unter der deutlichen Beibehaltung ihrer bisherigen nationalen, kulturellen oder religiösen Affinitäten zu den Herkunftsländern. Das Resultat sind unzählige Millionen von sogenannten Binde-Strich-Amerikanern, die stolz sind auf ihre irisch-amerikanischen, polnisch-amerikanisch oder italo-amerikanischen Wesenszüge, und viele andere mehr. Je stärker ihre Verwurzelung in den USA wird, desto betonter wird die Bindung an *the old country!*

Vielleicht ist das *Mosaik-Paradigma* das bessere Modell in einer multikulturellen Gesellschaft, wie sie sich heute in Mitteleuropa entwickelt?

In der Spannung zwischen den besorgniserregenden Realitäten unserer Tage und den hehren Zielen, die wir uns gesteckt haben, stellt sich die Frage: *Quo vadis, Europa?* Bei aller maßvollen Zuversicht sollten wir keinen seichten Optimismus predigen. Denn *Optimismus* heißt ja *das Beste* und stellt daher ein Absolutes dar, das alle menschlichen Fähigkeiten überschreitet. Ein Streben nach der *besten aller Welten* hat immer wieder zur Schwärmerei geführt, die letzten Endes die Flucht aus der Realität in unerreichbare Utopien bewirkt hat.

Der Drang, sich nur mit dem Vollkommenen zufriedenzugeben, hat oft überfordernde Ziele verfolgt, wobei auch nicht von der Heiligung amoralischer Mittel zurückgeschreckt wurde. Wir sollten daher den Mut zur vorläufigen Unvollkommenheit aufbringen, um einen bescheideneren Reformismus zu fördern. Ein Meliorismus, der eine schrittweise, intensive Verbesserung der Welt als Ziel ins Auge faßt, und zwar mit einem gerüttelten Maß an Gottvertrauen.

Um die tatkräftige Mitarbeit an diesem Heilswerk kommen wir nicht herum. Von der Umwelt-Rettung über die volle Akzeptanz der Fremden in unserer Mitte bis hin zu einer gelebten Global-Ethik der Humanität. In diesem Sinne habe ich die Seligpreisungen der Bergpredigt *so* übertragen, wie Jesus sie heute wahrscheinlich in seiner und meiner jüdischen Tradition angesichts *unserer* Probleme formuliert haben würde:

Selig, die mit den Augen des Fremden sehen können
und seine Nöte mittragen,
denn sie werden Frieden schaffen.
Selig, die willig sind, den ersten Schritt zu tun,
denn sie werden mehr Offenheit finden,
als sie für möglich hielten.
Selig, die dem Nächsten zuhören können,
auch wenn er anderer Meinung ist,
denn sie werden Kompromisse fördern.
Selig, die Kranke, Alte und Behinderte besuchen,
denn sie werden niemals einsam werden.
Selig, die mit der Heiligung am Frühstückstisch beginnen,
denn sie werden Sinn im Alltag finden.
Selig, die ihre Vorurteile überwinden,
denn sie werden die Entfeindung erleben.
Selig, die auf ihr Prestige verzichten,
denn an Freunden wird es ihnen nicht mangeln.
Selig, die Niederlagen verkraften können,
denn sie werden Menschenbrücken bauen.
Selig, die zuerst mit sich selbst rechten,
bevor sie andere richten,
denn sie dürfen auf Gottes Segen hoffen.

Hat diese Erde Bestand?
Vom Mitweltschutz in der Bibel

In der biblischen Schöpfungsgeschichte kommt ein Urzusammenhang zwischen Mensch und Erdreich zum Ausdruck, der das ganze Schicksal der Menschheit mit dem Boden dieses Planeten dreifach verknüpft: *Aus Erde wurden wir geformt.* (Auch die moderne Wissenschaft bestätigt, daß der Mensch, chemisch analysiert, aus Wasser und Mineralien besteht.) Von der Erde nähren wir uns ein Leben lang, trotz Mondflüge und Computertechnik. Und zur Erde müssen wir alle eines Tages zurück.

Auf Gedeih und Verderb bleiben wir einander zubestimmt: der Mensch und seine *Mitwelt*, die im Leben und im Tod seine Heimat ist und bleibt. Adam und Eva zerstörten die Harmonie ihres ganzheitlichen Ursprungs durch die Anmaßung, Gott gleich werden zu wollen. Sollte uns Heutige diese allegorische Geschichte von frevelhafter Arroganz und Überheblichkeit nicht nachdenklich stimmen? Haben wir nicht ähnliche Allüren? Wortkarg, aber doch recht deutlich zeigt uns der Bibeltext die Folgen dieses Größenwahns: das entstehende Mißtrauen zwischen Mann und Frau und Gewalttätigkeit und Unfrieden mit der Tierwelt, die als Mitgeschöpfe erschaffen worden waren.

Diese Geschichte aller Anfänge – ob wir sie nun wörtlich, allegorisch oder symbolisch, deuten – hat ihre bleibende Mahnkraft für alle Zeiten. Der Drang, die Grenzen des Menschentums zu sprengen und die ewige Neugierde nach den uns unzugänglichen Mysterien des Lebens haben in den vergangenen Zeiten immer wieder ihre Opfer gefunden. Was können wir aus der Geschichte und Historie lernen?

Wißbegierde und Hinterfragung sind uns eingestiftete Tugenden, aber sie entlasten uns nicht von der Verantwortung und dem Bewußtsein der uns gesetzten Grenzen. Doch der Wahn, Gott gleich sein zu wollen – mit den Worten der Schlange: Eritis sicut Deus – hatte noch ärgere Folgen. Der erste Mensch, der einen Bruder hatte, schlug ihn tot, und der

Brudermord, der biblisch gesehen, ein jeder Menschenmord ist, hat bis heute noch nicht aufgehört. Muß es für immer so sein? Ist uns der Brudermord eingestiftet? Die biblische Antwort ist ein deutliches NEIN. Hier ist allerdings nicht die Rede von schicksalhaften und damit menschlich unabwendbaren Naturkatastrophen oder Behinderungen, auf die wir keinen Einfluß haben, die zum Mysterium der Theodizee gehören. Hier ist aber sehr wohl die Rede von den Qualen, die wir einander zufügen, bis hin zum vielfachen Blutvergießen. Hier steht die biblische, leider häufig ignorierte Botschaft: Der Mensch ist der Freigelassene der Schöpfung, der sich verbessern oder verbösern kann – nach seiner freien Wahl! Die Folgen aber, seines Tuns und Lassens, muß er tragen.

Der Leitgedanke, daß die ganze Erde für Menschentaten und Unterlassungen einstehen muß, wird uns bei der Sintflutgeschichte noch einmal mit Nachdruck verdeutlicht: Wir lesen im Buche Genesis, daß wegen des schlimmen Umgangs der Menschen miteinander die Sintflut über sie kam, als Strafe für den Nächstenhaß. Die erste nachsintflutliche Verheißung Gottes lautet: »Solange die Erde steht, soll nicht aufhören Saat und Ernte, Frost und Hitze, Sommer und Winter, Tag und Nacht.« (Gen 8,2) »Solange die Erde steht«, wird da gesagt – ist damit eine Garantie für ihren immerwährenden Bestand gegeben? Ist das eine Absicherung gegen die Selbstzerstörung der Menschheit – oder gegen eine von Menschen verursachte Global-Katastrophe? Schon die jüdischen Mystiker des Mittelalters waren sich der Verderbtheit der Menschen bewußt und erahnten die Möglichkeit einer – wie sie es nannten – »Feuer-Flut«, die alles Leben auf Erden vernichten könnte. Ist es denkbar, daß die heutigen Atomgefahren bereits in ihren Visionen aufgetaucht sind?

Die Fundamentalisten aller Religionen versichern uns, wir hätten angeblich eine himmlische Garantie für den ewigen Bestand der Erde. Etliche Journalisten hingegen überfluten uns mit Hiobsbotschaften und kündigen uns einen apokalyptischen Weltuntergang an. Beide berufen sich häufig auf die Bibel. Was soll gelten? Es gibt aber zwei Arten, die Bibel zu lesen: man kann sie wörtlich nehmen, oder ernst. Beides verträgt sich nur schlecht miteinander. Wir sollten, wie der Talmud empfiehlt, von Gott nur dann reden, wenn wir nach IHM gefragt werden. Wir sollten aber so leben, daß man uns nach IHM fragt!

Im alten Märchen zogen die jungen Männer aus, um das Gruseln zu lernen. Heutzutage wird uns das Gruseln täglich frei Haus von den Medien ins Wohnzimmer geliefert. Von Berichten über das Waldsterben, die Agonie der Nordsee, das Ozonloch und den Treibhauseffekt bis hin zur Vergiftung unserer Lebensmittel, von Milch und Bier über Wein bis zu den Arzneien! Wir sind verpflichtet, all diese furchtbaren Gefahren ernst zu nehmen; Vorsorge und Fürsorge sind eine Frage des Überlebens geworden. Es ist aber an uns, dafür zu sorgen, daß sie nicht zum Defätismus oder zur Staatsverdrossenheit führen, die den positiven Einsatz zu lähmen imstande sind.

Die Umschiffung von Scylla und Charybdis – nämlich der Mittelweg zwischen den beiden Extremen der Übersicheren und der total Verzagten – liegt in einer Neubesinnung auf unseren Standort im Gefüge der gesamten Schöpfung. Denn wir Menschen sind weder ihre Krone – wie die mittelalterliche christliche Tradition behauptete – noch sind wir die Herren dieser Erde. Der vielleicht schwerwiegendste Übersetzungsfehler Martin Luthers, nämlich der Auftrag: »Machet euch die Erde untertan!« hat vielen dieses Mißverständnis suggeriert und tut es auch noch heutzutage. Im Urtext jedoch werden wir beauftragt, diese Erde vernünftig zu regieren, aber nicht brutal zu usurpieren. Im Zerrbild dieser Fehlübersetzung aber wurde dies zum Vorwand, die Erde und ihre Geschöpfe rücksichtslos auszubeuten. Verloren geht dabei auch die rabbinische Einsicht, daß sogar der Regenwurm und der Spatz, die *vor* uns erschaffen wurden, älteres Wohnrecht auf dieser Erde haben als wir Nachgeborenen.

Zum Wohl unserer Heimat Erde wären Fürsorge und Kooperation vielleicht der Schlüssel zur heute so viel beschworenen Bewahrung der Schöpfung. Allerdings wird die populäre Formel von der Bewahrung der Schöpfung der Bibel nicht ganz gerecht:

Denn dort ist die Rede auch vom Gestalten und Entfalten der Natur. Demgemäß dürfen wir, ja, sollen wir die Früchte dieser Erde genießen und verwenden, aber den Mißbrauch und die Vergeudung, die uns stets verlocken, gilt es zu vermeiden.

Die Erde ist *des Schöpfers*, und wir alle sind hier nur Treuhänder mit begrenzter Mitbestimmung für eine kurze Frist. Mehr noch! Das Wort *Umwelt* sollte aus unserem Wortschatz gestrichen werden, da es ein typischer Ausdruck arroganter Anthropozentrik ist. »Umwelt« besagt ja, daß *wir Menschen* im Mittelpunkt der Schöpfung stehen, wonach alle anderen Geschöpfe um uns herum zur Peripherie entwürdigt werden, die allesamt auf uns konzentriert sein sollen. Ich plädiere daher für das bescheidenere Wort *Mitwelt*, das allen Geschöpfen ihr gottgegebenes, von uns unabhängiges Lebensrecht zugesteht.

Der Auftrag, diese Mitwelt zu hegen und zu pflegen, ist eigentlich, wie schon gesagt, das 11. Gebot der Bibel, das in Dutzende von Satzungen aufgegliedert worden ist. Jeder von uns wird hier angesprochen: Politiker, Gesetzgeber, Gewerkschafter und Industrieller.

Beginnen wir mit dem Auftrag der Baumpflege. Der *Baum* als solcher ist in der Bibel ein Symbol des Segens. In seinem Schatten und von seiner saftigen Frucht erlabt sich der müde Wanderer. Ganz im Gegensatz zum Aufschrei der nordischen Menschen nach seinem Platz an der Sonne, der in der heutigen Touristenreklame alljährlich widerhallt, sehnt sich der Bibelmensch nach einem schattigen Baum, gepflanzt an Wasserbächen. Psalm 1 vergleicht den Gerechten mit einem Baum, dessen Laub nicht verwelkt noch vergilbt. Ehrfurcht vor dem Leben, als Leitmotiv des Talmuds, erstreckt sich daher auch auf das Leben der Bäume, so daß man zur Zeit der Verwüstung des Landes durch die Römer in Jahre 70 von einer brutalen »Ermordung der Wälder« sprechen konnte. Andererseits gilt die Pflanzung eines Baumes seit Abraham als ein religiöses Gebot. »Wenn der Messias kommt«, so heißt es in einer alten Überlieferung, »und du bist gerade dabei, einen Baum zu pflanzen, so vollende zuerst die Pflanzung, und dann erst geh hinaus, um den Erlöser zu begrüßen!« So feiert man im Judentum alljährlich ein Neujahrsfest der Bäume, das der Pflanzung neuer Wälder gewidmet ist. Das fröhliche Festmahl an diesem *Tu-Bischwat* besteht aus leckeren Früchten aller Art; Lieder und Psalmen zu Ehren der Bäume gehören zur Tagesordnung. Angesichts des heutigen Mißbrauchs von Obst- und Nußbäumen zur Herstellung von Möbeln beschleicht mich die Wehmut bei dem Gedanken an die biblische Anordnung, das Stiftszelt in der Wüste nur aus Akazienholz zu errichten. Warum nur aus Akazienholz? Weil Gott für *sein* Haus keinerlei Obstbäume vernichten lassen wollte – als Vorbild für die Menschen aller Zeiten. Worauf moderne Stadtplaner so stolz sind – die grüne Lunge am Stadtrand – hat bereits Vorläufer in der Bibel, wo die Bewohner der Levitenstädte ausdrücklich aufgefordert werden, einen Grüngürtel von Bäumen um all ihre Ansiedlungen zu pflanzen, unter anderem um die Erde zu bewahren und um Erosionen zu vermeiden.

Inspirierend ist die Tatsache, daß die messianische Vision der Propheten nicht nur die gesamte Menschheit umfaßt, sondern sich auch auf die *Tierwelt*, ja, sogar auf die Vegetation erstreckt. Von Jesaja, Micha und anderen Propheten wird ein großer Bogen gespannt von den Löwen, Tigern, Schafen, Adlern und Tauben bis hin zu den Menschen und Völkern aus allen vier Enden der Erde. All die zerrütteten Ordnungen dieser Welt, die Menschenschuld verursacht hat, werden in der Verheißung wieder hergestellt und mit den glühendsten Farben der künftigen, friedlichen Eintracht geschildert. Nun könnte so mancher von uns sagen: Warten wir ab, bis der Messias alle Probleme löst, also bis St. Nimmerleinstag. Dieser Passivität aber widersprechen beide Testamente der Bibel mit Nachdruck: Der Messias wird zu seiner Zeit kommen – so heißt es –, aber uns obliegt es, tagtäglich so zu handeln, als wäre morgen schon der große Tag.

Zum erträumten Völkerfrieden und zum menschlichen Miteinander gehört auch die Fürsorge für die *Fauna*. Die Bibel gebietet uns dabei den Artenschutz: Niemals sollen wir eine Vogelmutter und ihre Küken zur gleichen Zeit schlachten, auch wenn es sich um die Stillung unseres Hungers handelt. Hier geht es nicht nur um das Verbot der Tierquälerei, sondern zugleich wird hier auch an Pädagogik gedacht, die den Menschen zur Überwindung von Grausamkeit erziehen will. Ebenso wird dabei analog zum Fruchtbaum gefolgert, daß man zwar seine Früchte genießen darf, nicht aber den Baum fällen soll. Es geht dabei auch um den Kampf gegen das Aussterben von Tierarten – eine Gefahr, die heutzutage bedrückend aktuell geworden ist. Von all den Geboten und Verboten der Bibel gibt es nur zwei, die den Lohn der Befolgung eindeutig angeben: das Gebot der Elternehrung aus dem Zehnwort vom Sinai und das Gebot der Schonung der Vogelmutter – wobei es in beiden Fällen heißt: »Auf daß es dir wohlergehe und du lange lebest auf Erden.« Wie aber kann man Elternliebe und Vogelschonung vergleichen? Die rabbinische Antwort vor Jahrtausenden erging in Form einer rhetorischen Frage: Woher weißt du denn, daß die Vogelmutter weniger leidet beim Anblick der Schlachtung ihrer Küken als die Menschenmutter beim Leiden ihrer Kinder? Auf einer parallelen Satzung basiert übrigens auch das Verbot, eine Kuh und ihr Kalb am selben Tag zu schlachten.

Aus der Fülle der biblischen Satzungen zum Tierschutz seien nur noch einige erwähnt. Wenn Lasttiere – die eigenen oder die eines anderen – unter ihrer Bürde zusammenbrechen, ist es unsere Pflicht, ihnen sofort beizustehen, auch wenn es sich um das Tier eines Widersachers handelt. Bekanntlich waren auch die Arbeitstiere am Sabbat von jeglicher Arbeit befreit. Jedoch ist es Pflicht, ein notleidendes oder krankes Tier ohne Aufschub zu behandeln, auch am Sabbat und an allen Feiertagen, genau wie es für Menschen angeordnet ist. Zu einer Zeit, als die Feldarbeit nur mit Arbeitstieren verrichtet wurde, war es biblisch verboten, Tiere mit ungleicher Zugkraft oder Gangart zusammenzujochen, auf daß sie sich nicht unter einem Joch aufreiben mögen. Dem sprichwörtlichen Ochsen, der Schwerarbeit beim Dreschen verrichten muß, darf man nicht das Maul verbinden, um ihn am Futtern zu hindern. Die Tugenden des Tieres in der Bibel werden uns oft als nachahmenswert empfohlen: so z. B. die Zuverlässigkeit der *Kamele*, auf die der Bibelmensch auf Gedeih und Verderb angewiesen war; die Klugheit der

Schlange und die Sanftmut der *Taube*, wie sie auch Jesus preist; der Fleiß der *Ameise*, der uns anspornen soll; die Fürsorge der *Vögel* für ihre Küken beim Nestbau und bei der Fütterung ihrer Jungen; die Tapferkeit der *Löwenmutter* – und andere Vorbilder mehr.

Doch die Tiere sind heutzutage schutzbedürftig geworden. Was ist geschehen? In der Vergangenheit hatte der Mensch eine berechtigte Urangst vor dem dunklen Wald und den wilden Tieren, die in der Tat sein Leben gefährdeten. Spuren dieser Not finden wir in den Märchen der Völker, in denen die Löwenbezwinger und Drachentöter, die Bärenfänger und die Wolfsjäger zu Helden erhoben wurden. Zu den vielen Metamorphosen unseres Jahrhunderts gehört ein neues Mißverhältnis zwischen Mensch und Tier: Das Tier wurde zum Gehetzten und der Mensch zu seinem Herren.

Aber weder Herrscher noch Gehetzte sollte es geben – so sagt die Schrift –, sondern eine mitgeschöpfliche Solidarität! In diesem Sinne bedürfen etliche Tiergattungen unserer besonderen Fürsorge, da mancherorts das Gleichgewicht der Natur wegen des Aussterbens von Arten gefährdet scheint.

Mein Lieblingstier ist übrigens der Esel. Er ist auch der Bevorzugte vieler biblischer Gestalten, ja, sogar das designierte Reittier des Messias. Was soll uns Heutigen das sagen? Daß der Messias dereinst nicht in einer Nobelkarosse eintreffen wird, sondern sozusagen im Auto des einfachen Mannes. Das vornehmere Transportmittel von damals war ja das stolze Pferd oder eine vielspännige Kutsche.

Ich erlaube mir nun, ein anderes umstrittenes Thema in diesem Zusammenhang aufzugreifen. Tierversuche zwecks Herstellung von Arzneien entrüsten viele unserer Zeitgenossen und erregen auch mein Mitgefühl. Angesichts der vielen neuen Krankheiten kann man aber noch nicht auf Versuchstiere verzichten. Wohl aber sollte der Gesetzgeber dafür sorgen – und die Wissenschaft und Industrie sollten mit am selben Strang ziehen –, um die Versuche auf ein Minimum zu reduzieren und so barmherzig wie möglich zu gestalten. Worauf zu verzichten ich weitgehend vorschlagen würde, sind Tierversuche zwecks Herstellung von Kosmetika. Ich höre schon im Geiste den Aufschrei der Kosmetikindustrie und der Damenwelt, aber könnten nicht vielleicht Naturprodukte und bereits bewährte Stoffe die Betroffenen zufriedenstellen? Wir kommen nicht darum herum: Jeder von uns muß eben seinen eigenen Beitrag leisten – sowohl im Tun als auch im Lassen.

Unglaublicherweise finden wir in der Bibel bereits ein ausdrückliches Verbot der Mischzucht von Tierarten. Was soll man da zu den heutigen Berichten über Züchtung von neuen Tierkombinationen, über den Mißbrauch der Hormonmästung von Rindern und der grausamen Hühnerhaltung sagen? So stehen sie vor uns, die Tiere insgesamt:

1. Von Gott erschaffen wie der Mensch, aber lange vor ihm.
2. Seiner Zuneigung dürfen sie gewiß sein, wie wir aus zahlreichen Bibelaussagen lernen, aber vor allem aus dem Finale des Buches Jonah: Dort erbarmt sich Gott der Stadt Ninive, ihrer reumütigen Einwohner, aber auch ihres Viehs und ihrer Tiere.
3. Unserer menschlichen Fürsorge sind sie alle anvertraut – von der Schöpfung an bis zum Sabbat-Ruhe-Gebot, an dem auch die Haustiere ausdrücklich teilhaben sollen.
4. Die dereinstige messianische Erlösung wird sich auch auf die Tierwelt erstrecken, wie es der Prophet Jesaja uns begeisternd und anschaulich schildert.

Übrigens bewegt mich schon lange der Gedanke einer Anerkennung oder Auszeichnung für Menschen, die die Schöpfung bewahren und pflegen im Sinne einer umfassenden *Ökophilie*, also tatkräftigen Liebe zur Gesamtnatur. Sollte eine Behörde die Stiftung einer »Umweltschutz«-Auszeichnung erwägen, so schlage ich, gut biblisch, als Ehrentitel vor: *OHEW ADAMA*, will sagen: der Erd-Verbundene, wie uns bereits König Usia von Juda im 2. Buch der Chronik (26,10) im achten vorchristlichen Jahrhundert vorbildlich geschildert wird. Sein liebevoller Umgang mit der ADAMA und allen Geschöpfen Gottes wird uns deutlich ins Stammbuch geschrieben.

Wir behandelten bisher Tier- und Pflanzenschutz in der Bibel. Der Mensch als Teil der Mitwelt kommt keineswegs zu kurz: So finden wir die Anordnung, daß Werkstätten, die üble Gerüche als Nebenprodukt hervorbringen, nur in einer bestimmten Entfernung außerhalb der Städte ihren Standort haben dürfen. Das waren eben die damaligen Probleme der Abgase und der Luftverschmutzung. Wörtlich heißt es im Talmud: »Alle Berufe und Betriebe, die Staub, Lärm, Rauch oder Abwässer verursachen, haben sich dem Gemeinwohl unterzuordnen.« Um mit einer etwas heiteren Note zu schließen: Bei der Brautwerbung um die biblische Rebekka stellt sich Elieser die Frage, wie er wohl möglichst schnell ihren Charakter erkunden könne. Erschöpft und durstig kommt er mit seinem Kamel am Dorfbrunnen an. Und siehe da, Rebekka eilt ihm mit einem Krug frischen Wassers – eine Kostbarkeit im Nahen Osten – entgegen. Nach Stillung seines Durstes tränkt sie hierauf ganz unaufgefordert auch sein Kamel. Das war der ersehnte Beweis ihrer Menschen- und Tierliebe. Das Happy-End der Geschichte war ihre Eheschließung mit Isaak, dem Stammvater.

Fassen wir das Bisherige zusammen: Wir sind heute in einer ökologischen Krise, die jeder von uns zu spüren bekommt. Vom Stau auf den Autobahnen über die Müllberge, die vergifteten Flüsse und die ölverpesteten Meeresstrände. Nachdem uns der Sprung in das Weltall gelungen ist, sollte uns doch die Humanisierung dieser Erde nicht mißglücken!

Nur *eine* Einsicht, so scheint mir, kann uns aus der Sackgasse helfen: daß diese Erde weder heil noch heil-los ist, aber noch immer heil-bar, wenn wir alle entschlossen sind, mit vollem Einsatz dabei mitzuwirken. Die Zeit drängt, aber noch ist es, wie ich meine, nicht zu spät, wenn jedermann und jedefrau den Mut aufbringt zu einer freiwilligen Selbstbescheidung. Keine Voll-Askese der Entsagung tut not, wohl aber ein klares Nein zu allen Versuchungen des Größenwahns. Wir sollten nicht alles tun, was machbar ist, nicht alles besitzen wollen, was habhaft ist, und nicht alles essen, was da kreucht und fleucht.

In der Wiederentdeckung des *Maßhaltens*, das einst eine klassische Tugend war, laßt uns des Sokrates gedenken, der vor etwa zweieinhalbtausend Jahren auf dem Marktplatz von Athen zu seinen Schülern sagte: »Sehet doch, wie reich ich bin, denn alle diese Luxuswaren brauche ich gar nicht!« – Machen wir uns keine Illusionen: die ökologische Krise ist nicht vom Himmel gefallen, sie ist unser Werk. Daher sind wir hoffentlich auch imstande, den Schaden wiedergutzumachen. Gerade jetzt, vor der Öffnung des Binnenmarktes der EG und angesichts der Umwälzungen in der ehemaligen DDR und im ganzen Ostblock, wo noch so manches Land das 11. Gebot grob vernachlässigt, sollte dies keineswegs als Vorwand für eine Minderung des Einsatzes in Deutschland dienen. Ganz im Gegenteil! Gerade nach all dem Grauen in der ersten Hälfte dieses Jahrhunderts sollte und könnte diese Republik an der Schwelle des dritten Jahrtausends ein *Schrittmacher* werden in Sachen Aussöhnung mit der geschundenen Natur und der beherzten Befriedigung unserer gesamten Mitwelt.

Die mir gestellte Frage lautete: Hat diese Erde Bestand? Nach dem heutigen Stand der Wissenschaften darf man diese Frage bejahen, wobei jedoch nur der Erdball mit seinem Gestein gemeint ist. Die aufregende Frage hinter der Frage ist jedoch: Hat unsere Gattung Mensch Bestand? Hier ist Skepsis angebracht. Die Paläontologen berichten uns von Spuren etlicher Tiergattungen, die diese Erde einst beherrschten, dank ihrer Größe, ihrer Stärke oder ihrer natürlichen Panzerung. Diesen Tieren gelang es, ihren Wettbewerbsvorteil zur zeitweiligen Hegemonie auszunützen. Auf Dauer ist es ihnen aber nicht gut bekommen. Nach einer gewissen Blütezeit zerstörten sie nämlich das ökologische Gleichgewicht auf Erden, das sie mit getragen hat, und starben deshalb aus. Pessimisten werden nun zustimmend nicken: Ja, das blüht uns auch! Aber ich bin kein *Optimist*. Optimisten sind im Grunde Utopisten, die unerreichbare Ziele erstreben und häufig darüber das Machbare vernachlässigen. Deshalb bin und bleibe ich ein *Meliorist* (vom lateinischen Wort für »besser«). Einer, der an die schrittweise, tatkräftige Verbesserung der Verhältnisse in unserer Welt glaubt, ohne der Schwärmerei einerseits oder der Resignation andererseits anheimzufallen. Wie Jesus und die Rabbinen möchte ich diesen Gedanken zu guter Letzt mit einer Tierparabel illustrieren:

Einst fielen drei Frösche in einen Eimer voll Milch. Der erste Frosch, ein Optimist, wartete zuversichtlich vor sich hin in der Gewißheit, daß es schon irgendwie eine Rettung geben würde. Dann faltete er seine Vorderfüße – und ertrank in der Milch. Der zweite Frosch war ein Pessimist. Blitzschnell überblickte er die Lage, erfaßte die großen Gefahren, erachtete jede Aktivität als aussichtslos, schloß seine Augen und ertrank.

Der dritte Frosch jedoch war ein waschechter Meliorist. In dem Milchmeer, in das er gefallen war, wußte er weder ein noch aus. Dennoch strampelte er mit aller Kraft, gegen alle Hoffnung zwar, aber zielbewußt, bis die Milch vom eifrigen Gestrampel zu Butter wurde, woraufhin unser Meliorist bequem aus dem Eimer herauskletterte und ein begeistertes Halleluja quakte ... um dann zur Tagesordnung überzugehen. Kann man vielleicht von Fröschen auch etwas lernen?

Das letzte Geheimnis: Vom Leben mit dem Tod

Der letztlich eintretende und unvermeidliche Tod wird ausdrücklich mit der Erinnerung an die Erschaffung des Menschen erklärt: ... »Bis du zur Ackererde zurückkehrst, denn von ihr bist du genommen. Denn Staub bist du, und zum Staube kehrst du zurück.« In seiner prägnanten Formulierung »Staub zum Staube« ist der Satz wie berufen, im Volksmund die beredtste Erinnerung an unsere Vergänglichkeit zu werden und allen Hochmut im Keim zu ersticken. Was ist das Ende des Menschen? Nur eine Speise für Würmer, so antwortet lapidar das Buch Hiob (25,6, Abot 2,1) Und die rabbinischen »Sprüche der Väter« vertiefen diese Einsicht. Akabia Ben-Mahalel, ein Zeitgenosse Jesu, lehrte: »Beachte drei Dinge, und du wirst nicht in die Macht der Sünde fallen: Bedenke, woher du kamst, wohin du gehst und vor wem du dereinst Rechenschaft ablegen mußt ...« Dieses ernste Wort der Selbstbesinnung gehört zur Liturgie des jüdischen Begräbnisrituals. Das Ritual ist zwar nach den ethnischen Gruppen des Judentums verschieden, aber dieser Grundgedanke des Woher und Wohin menschlichen Lebens ist ganz allgemein. Aus derselben Quelle stammt auch ein Wort des Rabbi Eleasar Hakappar, der da sagte: »Die Neugeborenen sind zum Tode bestimmt, die Toten zur Wiederbelebung, die Lebenden zum Gericht und zu der Erkenntnis Gottes, der da schafft, allwissend ist und in der Endzeit richtet.« Hier haben wir in knapper Zusammenfassung den Lebenslauf im Judentum.

Im antiken Ägypten herrschte der Totenkult, der die Leichen der Pharaonen so kunstvoll einbalsamieren ließ, daß sie bis heute noch immer frisch und lebendig anmuten, aber so mausetot und leblos sind wie die steinernen Gemälde ihrer Ruhmestaten, die auf den Wänden der Pyramiden eingemeißelt sind.

Im biblischen Israel hingegen wird der Tod weder heiliggesprochen, noch tabuisiert, sondern als integraler Teil der irdischen Existenz erachtet; nicht als das *Gegenteil* von Leben, sondern als *Teil* des Lebens wie die Geburt, die Krankheit und das Leid. Alles von Gott gegeben und gewollt, wie es Hiob vorbildlich am Rande der Verzweiflung noch zu sagen vermag: »Nackt kam ich hervor aus dem Schoße meiner Mutter, nackt kehre ich zurück. Der Herr hat gegeben, der Herr hat genommen, gelobet sei der Name des Herrn!«

Sobald König David merkt, daß sein Ende naht, sagt er nüchtern und sachlich: »Ich betrete jetzt den Weg aller Welt.« (1. Kön 2,2) Oder: »Ich gehe den Weg alles Fleisches.« – ohne Schönmalerei noch Vertröstung. Vom Erzvater Israels heißt es in zufriedener Gelassenheit: »Abraham starb in gutem Alter, *alt* und *lebenssatt*.« (Gen 25,8) Man merkt es: Nicht Reichtum noch Macht, sondern Reife ist der Gipfel allen Lebens und Strebens. Das ist der Tod, den der Mensch sterben darf, nicht der, den er sterben *muß*. Isaak und Hiob sterben auch *»lebenssatt«* (Gen 35,29; Hiob 42,17) Also weder hungrig noch überfüttert, sondern im Frieden mit Gott und seiner Welt. Hiob hatte Kinder, Enkel und Urenkel gesehen, so ist das Leben erfüllt. *Satt* meint nicht den Lebensüberdrüssigen, sondern den, der den inneren Frieden gefunden hat. »Im reifen Alter steigt er in das Grab, wie man die Ähren zu ihrer Zeit sammelt« (Hiob 5,26), so lesen wir weiter im Buche Hiob.

Dem sterbenskranken Jakob wird gemeldet, daß der Sohn Joseph mit den beiden Enkeln ihn aufsucht: »Da nahm Jakob seine Kräfte zusammen, und setzte sich im Bette auf.« (Gen 48,2) Nachdem er, fast erblindet, die Enkel gesegnet hatte, sagte er zu Joseph: »Siehe, ich muß sterben. Aber Gott wird mit euch sein. Er wird euch in das Land eurer Väter zurückführen.« (Gen 48,21) Der Sterbende sieht die kommende Veränderung viel deutlicher als die anderen. Angesichts der eigenen Grenzen ist er Zeuge der Verheißung Gottes. Er bestellt in voller Verantwortung sein Haus. Ähnlich enthält der Segen des sterbenden Moses schöpferische Worte, die die Zukunft seines Volkes zu gestalten vermögen.

Die würdevolle Akzeptanz des Todes seitens biblischer Leitgestalten ist sicher eine Ermutigung für alle Generationen. Ob sie auch tröstlich für junge Menschen ist, die von Krankheiten,

Krieg und Unfällen dahingerafft werden, ist eine andere Frage. Es mag auch hier die ewige Frage der Theodizee sein, die keiner von uns zu beantworten vermag.

So viel der Sterbende auch zu sagen hat, so wenig bedeutet sein *Grab* in der Bibel. Gewiß können Totenklagefeiern ausführlich beschrieben werden wie z. B. die für Jakob in Gen 50. Von dem großen Moses hingegen wird ausdrücklich vermerkt, daß er im Lande Moab begraben wurde (Dt. 34,6), »aber niemand kennt sein Grab bis auf den heutigen Tag.« Auch von Davids Grab wird nur sehr knapp berichtet, nachdem sein letzter Wille breit ausgeführt wurde. Die lakonische Notiz lautet: »Danach legte sich David zu seinen Vätern und wurde in der Davidstadt begraben.« (1. Kön 2,10) Aus schlichtem Holz, kaum richtig gehobelt, ohne Glanz und Silberbeschläge, präsentiert sich der Sarg eines Juden. Einfacher geht es wohl kaum. In etlichen Gegenden Israels wird sogar ohne Sarg – also Staub zu Staub im wörtlichen Sinne – die Bestattung vorgenommen. Diese Schmucklosigkeit wird von Außenstehenden als störend empfunden. Als vor Jahren der Austausch toter ägyptischer Soldaten an der Demarkationslinie Israels im Deutschen Fernsehen gezeigt wurde, bemerkte der Kommentator abschätzig, die Israelis hätten für die Übergabe »Holzkisten« verwendet. Dies geht jedoch zurück auf das Schulhaupt der Pharisäer, Rabban Gamaliel vornehmlich, der für sich die Einfachheit zur Lebensregel angeordnet hatte. Seit damals wird jeder Verstorbene in den gleichen schlichten leinenen Sterbekleidern beerdigt. Dem Toten wird liebevoll Ehre bezeugt; vor einem überschwenglichen Totenkult jedoch wird stets gewarnt. Welches ist der tiefere Grund?

Vor allem, weil der Tod alle menschlichen Unterschiede einebnet und den natürlichen, gottgewollten Abschluß des Lebens darstellt.

Der Vorgang des Sterbens mag furchterregend sein, der Tod ist es nicht. Ist es insbesondere nicht, weil der Glaube den Tod nicht als das letztgültige Ende versteht. Die Seele, der göttliche Funke im Menschen, lebt weiter. Nach der Lehre der jüdischen Mystik, der *Kabbala*, kam es bei der Schöpfung zu einem kosmischen Bruch, der das Auseinanderstieben zahlloser göttlicher Funken verursacht hat. Wie magnetisch angezogen, streben all diese versprengten Funken seit damals zu ihrem Ursprung zurück. Erst wenn sie dereinst dort wieder vereint sein werden, dann wird die Welt wieder heil sein. Der Kabbala gemäß beseelt seit Adam jeden Menschen ein solcher Funke. Beim Ableben jedes Menschenkindes kehrt alles Körperliche zurück in den unsterblichen Kreislauf der Natur. Der Funke jedoch – oder der göttliche Odem – steigt auf in seine ewige Heimat.

Die Frage, was vom Menschen nach seinem Tode bleibt, ist ein Rätsel, das Juden seit eh und je beschäftigt hat. Die Hoffnung über den Tod hinweg taucht ansatzweise schon im Buche Genesis auf, gewinnt aber erst seit Makkabäerzeiten deutlich an Raum. Es ist ein felsenfester Glaube an die dereinstige Auferstehung der Toten, gepaart mit eherner Zuversicht auf eine bessere Zukunft im Geiste der Tora – *hier auf Erden*. An ihrer Gestaltung sollen wir alle mitarbeiten.

Die Fülle der verschiedenen Auferstehungs-Vorstellungen – aller Menschen oder nur der Gerechten – auf Erden oder im Himmel, vormessianisch oder endzeitlich etc., stemmt sich gegen jedwede Systematisierung. Allen Schulen gemeinsam ist, daß Auferstehung die durch Gott erwirkte Wieder-Belebung der Toten ist, wobei das *Wann*, das *Wer*, das *Wo* und das *Wie* offen bleiben. Diese gleichsam weltanschauliche Gewißheit einer künftigen Auferstehung war die Vorbedingung für den Osterglauben der Jünger Jesu, deren Glaubenswelt wie die ihres Meisters weitgehend pharisäisch geprägt war.

Wie schon gesagt, waren die Pharisäer die damalige Volkspartei, bestehend aus sieben verschiedenen Schulen, die ihre zum Teil erheblichen Unterschiede in Auslegungsfragen der Tora durchzudebattieren pflegten. Auch Jesus gehörte zu einer ihrer Schulen und war an ihren Lehrgesprächen beteiligt, die uns in den Evangelien als »Streitgespräche« dargestellt werden.

Die Sadduzäer, ihrer Zahl nur etliche Dutzend Familien, die den Tempeldienst in Jerusalem verwalteten, waren *theozentrisch* in ihrer Lehre, *aristokratisch* in ihrer Weltanschauung und *pedantisch* literalistisch in ihrem Schriftverständnis. Da die Auferstehung in den 5 Büchern Moses nicht wortwörtlich erwähnt wird, wurde sie daher von ihnen in ihrer Lehre abgelehnt. Daran änderten etliche Hinweise und Andeutungen wie etwa Hiob 19,25–27 oder Hosea 6,1–2 oder Daniel 12,2 und 15 nichts. Nicht einmal die Vision Ezekiels, wo von der Auferwekkung der toten Gebeine die Rede ist (37,3–14), vermochte sie zu überzeugen.

Das einzige echte Streitgespräch Jesu (nicht ein »Lehrgespräch«) fand eben mit solchen Sadduzäern statt, wie in Mk 12 nachzulesen ist. Es geht dabei um den Auferstehungsglauben, den die Sadduzäer ausdrücklich verneinen, den Jesus aber gut pharisäisch bejaht. Wären die Jünger Jesu Sadduzäer gewesen, so hätte Karfreitag für sie das Verlöschen all ihrer Hoffnung und den endgültigen Untergang der Sache Jesu bedeutet. Wären sie – um noch kühner zu spekulieren – Buddhisten gewesen, so hätten sie die Auferstehung als Strafe empfunden, da ihr Endheil ja im Nicht-Sein des Nirwana zu suchen gewesen wäre. Also, nur als pharisäisch geschulte Juden war ihre felsenfeste Auferstehungs-Hoffnung als erster Schritt hin zum späteren Osterglauben zu verstehen. Es war die unverzichtbare Grundlage ihrer gemeinsamen Zuversicht, daß dieses Erdenleben, allen Qualen und Enttäuschungen zum Trotz, nicht das letzte Wort Gottes war und ist.

So heißt es auch in den 13 Glaubensartikeln des Maimonides (1135–1204), die Bestandteil der orthodoxen Synagogenliturgie sind: »Ich glaube mit voller Überzeugung, daß eine Auferstehung der Toten zu der vom Schöpfer vorgesehenen Zeit stattfinden wird.« Eine felsenfeste Zuversicht also, die der Verheißung des Propheten Jesaia entspricht, daß »deine Leichname auferstehen werden und die Erde die Toten herausgeben wird.« (Jes 29,16).

»Die Angst vor dem Tode ist die Mutter aller Theologie«, so behaupteten die Philosophen Griechenlands schon vor 2500 Jahren. Viele Rabbinen sind gegenteiliger Meinung. Würde man sie um einen Aphorismus ersuchen, der ihrer Weltanschauung gerecht wird, so würden sie höchstwahrscheinlich sagen: »Der Unglaube an den Tod als Schlußpunkt ist der Vater aller echten Lebensbejahung.«

Wie anders ist es denn zu erklären, daß die Chassidim am Todestag ihres Rabbis auf seinem Grabe zu tanzen pflegen – aus Freude darüber, daß er »heimgekehrt (ist) ins Haus seines Vaters«. Der rabbinische Ausdruck für »er ist gestorben« besagt vielmehr, er ging »in seine Welt«, wobei »die Welt der Wahrheit« gemeint ist, was ins Deutsche recht holprig mit »Jenseits« übersetzt wird. So ist es auch kein Zufall, daß im jüdischen Totengebet *Kaddisch* kein Wort zu hören ist vom Tod, vom Sterben, von Trauer oder Beerdigung, sondern – ganz im Gegenteil – vom Gottesreich, vom Lob des Vaters im Himmel, vom Frieden der Endzeit, aber nicht zuletzt vom ewigen Leben. Innerhalb des Chaddisismus gibt es auch gewisse Stränge, die an die *Reinkarnation* glauben, – jedoch gehört dieser Glaube nicht zum normativen Judentum.

Auch im Neuen Testament, das ja auf jüdischem Mutterboden gelebt wurde und dort entstanden ist, finden wir Aussagen von reinkarnationsgläubigen Juden. So z. B. fragt Jesus seine Jünger: »Wer sagen die Menschen, das ich sei?« Worauf er *vier* Antworten erhält: Du bist *Elia*. Du bist *Jeremia*. Du bist *einer der Propheten*. Du bist *Johannes der Täufer*. Den meisten Lesern fällt es nicht auf, daß all diese Personen zur Zeit des Gespräches längst verstorben waren. Also müssen etliche der Freunde Jesu, in der Tat, an die Reinkarnation geglaubt haben (Mk 8; Mt 16). Wer weiß, ob nicht so manches Opfer in den Vernichtungslagern des Holocaust mit solch einer Hoffnung in den Tod gegangen ist?

Daß viele der Ermordeten mit dem sicheren Glauben an die Auferstehung der Toten gestorben sind, berichten so manche der überlebenden Zeugen. *Wo war Gott in Auschwitz?* Diese Frage wird immer wieder gestellt. Ist es nicht an der Zeit, Gott nicht mehr zum Lückenbüßer für die Unmenschlichkeit allzu vieler Menschen zu machen? *Wo war der Mensch in Auschwitz?* So sollten wir fragen. Nicht die Theodizee ist unser Dilemma, sondern *die Anthropodizee*. Also: die Unzahl der Täter, der Zuschauer und der Wegschauer. Für die Opfer stellt sich freilich die Frage der Theodizee – ein unlösbares Rätsel, das manche der Überlebenden in den Atheismus oder gar in den Anti-Theismus geführt hat. Wieder andere hadern und ringen noch immer mit Gott, wie einst Abraham und Hiob es taten. Den Tätern aber stellt sich die Schicksalsfrage: *Kain – was hast du deinem Bruder angetan?* Erst wenn wir alle die echt *mitmenschliche* Antwort auf diese Kardinalfrage geben werden – nämlich:

Ich bin der Hüter meines Bruders! – dann erst wird diese Welt wieder heil sein.

Diese uralte Sehnsucht nach der Verbesserung unserer Welt ist dem Judentum zutiefst eingestiftet und manifestiert sich auf ganz verschiedene Art: von der messianischen Zuversicht auf die Erlösung bis hin zum Märtyrertod als mitwirkende Anbahnung des Himmelreiches auf Erden. Typische Beispiele dieser Selbsthingabe für andere sind das stellvertretende Sühneleiden des Gottesknechtes in Jesaja 53 bis zum freiwillig auf sich genommenen Tod Jesu am Römerkreuz.

Das *Leben mit dem Tod* ist im Grunde die Quintessenz der jüdischen Trauerarbeit. Sieben Tage lang nach dem Ableben eines nahen Verwandten wird der Trauernde von Angehörigen und Freunden umgeben und besucht und zur Aussprache ermutigt, auf daß er seinen Schmerz artikulieren und verkraften möge. Diese intensive Trauerbegleitung entspannt sich graduell innerhalb von 30 Tagen nach dem Todesfall. Vielerlei traditionelle Gebräuche wie z. B. liturgische Gebetstexte, spezielle Trauerkleidung und symbolische Mahlzeiten illustrieren die Motive von Geburt, Tod und Auferstehung als Trost und Zuspruch für den Leidtragenden. Von großer Bedeutung ist der sogenannte »Jahrzeittag«: ein alljährliches Gedenken um der Zukunft willen. Anders gesagt: Es handelt sich um das Weiterleben der Erinnerung an Verstorbene in der nächsten Generation und das Fortführen ihrer Traditionen und Überlieferungen. Die Grabsteine im orthodoxen Judentum sind von großer Schlichtheit – wegen der Ebenbürtigkeit aller Menschen vor ihrem himmlischen Vater. Weder Schmuck oder Blumengebinde wird man deshalb auf jüdischen Friedhöfen finden, auch um

Armut oder Reichtum der Überlebenden nicht hervorzuheben. Der Besucher pflegt nur einige Steinchen als Zeichen seines Gedenkens auf das Grab zu legen, wohl auch in einer tiefenpsychologischen Erinnerung an die Grabstätten der Urahnen in der Wüste, die mit Steinen vor Leichenfledderern und wilden Tieren geschützt wurden.

In diesem Zusammenhang möchte ich auf eine christliche Verleumdung eben dieser Sitte hinweisen: Es wird gefragt: Warum legen die Juden Steinchen auf die Gräber ihrer Toten? Antwort: Auf daß bei der dereinstigen Auferstehung der Toten diese sofort Steine zur Verfügung haben mögen, um Jesus zu steinigen! Ist es nicht an der Zeit, daß wir endlich solche Vorurteile und Feindbilder ausmerzen? Der in unserer Zeit so häufig gebrauchte Begriff des *Sterbe-Forschers* ist im Judentum – schon rein semantisch – nicht tragbar, weil es Gott überlassen bleiben muß, *wann, wer, wie* und *wo* den Weg alles Fleisches gehen muß. Wohl aber gibt es den Auftrag des *Sterbe-Begleiters*. Dies ist ein uralter Liebesdienst, kein Beruf, eher eine Berufung. Es handelt sich um die *Chewrah Kadischa*, auf deutsch: die Heilige Gemeinschaft, die einen *Chesed schel Emeth*, das heißt »wahren Liebesdienst« erweist – in Stadt und Land, in Getto und in Wolkenkratzern, zu allen Zeiten. Ein Entgelt oder Gegendienst dafür gibt es nicht. Diese Heilige Gemeinschaft widmet sich gleichermaßen der Schwerkranken-Pflege, der Sterbebegleitung wie auch der Bestattung der Toten und der Fürsorge für die Hinterbliebenen.

Mit dem Tod leben – dieses Leitwort ist tief im Urgestein des Judentums verankert und schmälert nicht im geringsten seine Hoffnungskraft und seine urwüchsige Lebensfreude.

Letzten Endes überwindet die messianische Hoffnung aber bei vielen auch die Angst vor dem Tod.

Als bleibendes Zeugnis dafür sei hier die Inschrift zitiert, die ein unbekannter Jude auf eine Wand im belagerten Warschauer Getto gekritzelt hat:

Ich glaub, ich glaub, ich glaube,
unerschütterlich und fromm,
daß der Messias komm.

An den Messias glaube ich,
und wenn er auf sich warten läßt,
glaub ich darum nicht weniger fest.
Selbst wenn er länger zögert noch,
an den Messias glaub ich doch.
Ich glaub, ich glaub, ich glaube.